今日のナンパ術

TODAY'S PICKUP TECHNIQUE

モテる男のコミュニケーションとは何か

ゲンキジャパン

KADOKAWA

はじめに

ジュンペー

『今日のナンパ術』というタイトルから、今どきの〝ヤレる手引き書〟と連想して、本書を手に取った方が多いと想像します。

ただ、この本は間違っても「必ずホテルに直行できる方法」や「お金を使わずに美女を抱く方法」などを教えるものではありません。

本書の目的は、新しいコミュニケーション術としての〝新しいナンパ〟を提示し、世間一般が持つ従来の古いナンパのイメージを完全に覆すことです。

僕たちは「ゲンキジャパン」というグループ名で、主にYouTubeでナンパ動画を投稿しています。ナンパがメインコンテンツである性質上、「チャラい」「遊んでいる」との先入観を持たれがちです。そのせいか、女性のチャンネル登録者の割合が全体の5％にも満たず、本書に関心を示してくれる方も男性が圧倒的に多いのではないでしょうか。

このように極めて性別的に偏った見られ方をする背景を我々なりに考察してみたのですが、**日本社会に根付く〝ナンパ〟という言葉のイメージ**が原因の一つとして浮かび上がりました。

そこでまず、ナンパという概念を歴史的かつ辞書的に確認してみましょう。

ナンパとは、街頭などで見知らぬ異性に声をかけ、交際を求めること。特に、男性が女性を誘うこと。ナンパは明治時代には既に使われていた言葉で、漢字では「軟派」と書き、「硬派」の対義語である。軟派は本来、強硬な意見や主義を持たない一派を指す語であるが、そこから軟弱と思われる態度や、そのような態度をする者についても「軟派」が用いられるようになった。それが転じ、女性に声をかけて誘うことも「軟派な態度をすること」の一つになった。

動機は不純でもスマートなナンパをしよう

日本におけるナンパとは、前述のように「男性が女性を誘うこと」を指します。

女性が男性を誘うことを〝逆ナンパ〟と呼ぶほどにこの定義は固着している。

誘われる立場の女性にとってナンパとは、怖いもの、しつこいもの、男が下心丸出しにしてきて気持ち悪いもの、といった印象が大半ではないでしょうか。だからこそ、そのネガティブなイメージがこびりついたナンパを扱っているというだけで、我々ゲンキジャパンのナンパ動画は多くの女性に観てもらえるまでもなく、敬遠される訳です。面白い、面白くない以前の問題として。


実際にゲンキジャパンの動画を視聴した人は分かるかもしれませんが、**我々がやっている〝ナンパ〟は、女性が抱いているであろう、悪いナンパのイメージとは大きく異なります**。


ゲンキジャパンが表現するナンパとは、面白く（怖くなく）、しつこくなくて、下心がほどよく抑制された、スマートさを失わないものだという自負がある。

それこそ、ナンパというワードが社会に定着しているから便宜的に用いているだけで、もはや我々のナンパは、もともとの概念やイメージと遊離した、全くの別ものとさえ考えています。

もちろん、YouTuberというネット発信のエンターテイナーとして活動しているため、動画内に我々の指針を逸脱する表現が多少あるのは否定しません。とは言え、エンタメの衣裳《いしょう》を全身に被りながらも、その内側には一定の規範があり、従来の相手が不快になるだけのナンパを全否定した、新しいナンパをグループのポリシーとしているのは確かです。

ここまで硬質な言葉が並び、さも高尚で清廉な思想がなければこの本を読んではいけない感じになっていますが、そんなことはありません。

この本を購入された方の目的は、

- **異性にとにかくモテたい**
- **彼女を作りたい**
- **ナンパに興味があってしてみたい**
- **コミュニケーション能力を上げたい**

などが多いと思います。

本書では、ゲンキジャパンのフロントマンで、日本一のナンパ師であるゲンキが、これまでのナンパで得た知見を惜しみなく出し切ることで、そういったニーズに応えつつ、彼個人が持つ人生哲学や男としての生き方も併せて披露しています。

「異性にとにかくモテたい」

そう、**動機は不純でもいい**んです。ただ、その欲求の叶《かな》え方がキモくならないように、ゲンキの全く新しいスマートナンパをぜひ、真似してみてください。

ナンパの悪いイメージを変えたい

この本のタイトル『今日のナンパ術』は、岡本太郎氏の『今日の芸術』（光文社文庫）にインスパイアされてつけました。両書とも、今日と書いて〝こんにち〟と読みます。

岡本太郎は、戦後社会に大きなインパクトを与えた日本の芸術家です。多くの芸術論を残し、とりわけ1954年の著作『今日の芸術』は、美術書としては異例のベストセラーとなりました。「芸術は爆発だ」のCMやテレビの出演などで、彼を記憶している方も多いのではないでしょうか。

『今日の芸術』において岡本は、「芸術は万人によって、鑑賞されるばかりでなく、創られなければならない」と語り、美術作品との向き合い方、さらに日本文化や生活文化を打ち立てるための心構えを説きました。度重なる再刊と再録によって、岡本の言葉は今日まで読み続けられ、多くの人に影響を与え続けています。

岡本が『今日の芸術』で芸術の見方を変えたように、僕たちは『今日のナンパ術』で、ナンパの見方を変えたいのです。

この本を、悪いイメージがこびりついた古いナンパに対する考え方、捉え方をひっくり返し、新しいコミュニケーションとしてのナンパを広めていく分岐点にしたいと思います。

ナンパを中心として話が進みますが、その射程は決してナンパだけに留まらず、我々日本人の生活全般をも捉えているつもりです。なので、むしろナンパなど無関心な方にこそ、『今日のナンパ術』を読んでもらいたい。

また、今は多様性の時代です。読者の指向によっては、本書で述べる「異性」を「同性」に、「男性」を「女性」に、どうぞ読み換えてください。

長くなりましたが、『今日のナンパ術』はナンパ師ゲンキの生い立ち→ゲンキのナンパ術→ナンパの最高峰GACKTさんとの対談、という順番で構成されています。どこから読んでいただいても構いません。

本書がコミュニケーションの在り方を根本から考える契機となり、皆さんの新たな行動を支えるものとなりますように。

序章

ゲンキがナンパ師になるまで

第3章

ナンパ上級編

溢れ出る余裕から会話を楽しむ

第4章 ナンパとデートの架け橋・LINEを活用する

第5章

デート編

デートはナンパの延長線上にある 141

特別対談

本書を読む前に

なぜ僕たちはナンパをするのか

本題に入る前に、僕（プロデューサーのジュンペー）たちが〝ゲンキジャパンがするナンパ〟の独自性にとことんこだわり、動画を作って書籍を出版するまでに至った、その熱量と意図についてさらなる説明が必要かもしれません。このパートは「はじめに」に続く、我々のナンパと他の凡百《ぼんぴゃく》のナンパとの違いを明確化する、もう一つの試みです。これを読めば、もうゲンキジャパンのナンパを〝誤読〟することはなくなるでしょう。

なぜナンパをするのか？　と問われたら、「ゲンキが女の子が大好きだから」というシンプルかつ揺るぎない理由がまずあります。

ただ、それとは別に、ある種の**社会的意義を持ってこの活動をしている**側面もゲンキジャパンにはある。この社会的な側面は、どちらかと言えばゲンキではなく、僕の意向がかなり大きいです。

この後の序章でも書かれますが、僕たちは5年前にYouTubeチャンネルを福岡で始めました。そこからすぐに東京に拠点を移し、今では年に数回は海外でもナンパを行っています。

単純にゲンキがナンパしたい女性たちが、より人口の多い東京にたくさんいることや、彼が得意な英会話を活かし、英語圏の女性にまでアプローチしたい点から、国内に留まらず、ワールドワイドに活動しています。

しかし、我々のナンパの動機がそれだけではないことを示す補助線として、今から一つの事例を紹介します。

〝NYの危機〟を救ったプランク集団

2001年9月11日。

アメリカで世界史に残る同時多発テロ事件が起きました。その日の朝、4機の旅客機がハイジャックされ、2機がニューヨークの世界貿易センタービルに、1機が首都ワシントン郊外の国防総省に次々と激突。もう1機は東部ペンシルベニア州に墜落しました。この一大テロ事件を受けて、ニューヨークの街は当時、一瞬にして暗い空気に包まれたと言います。

テロ前のニューヨークでは、街ですれ違う人同士が赤の他人であっても、さも昔からの知り合いのように親しげに会話をしていました。

そんなニューヨークの街が、未曾有《みぞう》のテロによってもたらされたトラウマから、

「あの知らない誰かは、もしかしたらテロリストかもしれない」

「少しでも変な行動をする人、知らない人とは関わらないようにしよう」

と、お互いに疑心暗鬼となり、コミュニケーションを取ることを恐れる、閉鎖的な状態に陥ってしまったそうです。

そんな中、このコミュニケーションが断絶しかけた状況を、〝NYの危機〟と捉えて動き出した人たちがいました。

『Improv Everywhere』という集団です。

このグループは、チャーリー・トッド（Charlie Todd）によって組織されたフラッ

シュモブの集団で、スローガンは「We Cause Scenes（直訳で『私たちは場面・状況を引き起こす』という意味）」。

くだらなくてちょっと迷惑だけど、憎めずに思わず笑ってしまうアートパフォーマンスを、彼、彼女たちは全米で披露していきます。

暗く沈んでいたニューヨークでは、この集団が路上や地下鉄で突発的にパフォーマンスをすることで、**人々はそれまで恐れていた街中の他者と再び話し始め、予期せぬ出来事が降りかかる非日常をポジティブに受け止められるようになった**そうです。

かつての陽気でフランクなニューヨークの復活に、『Improv Everywhere』が少なからず寄与したのは間違いないでしょう。

ナンパで日本の閉塞的な環境を壊す

我々ゲンキジャパンは、街中で突発的に変なことをする、プランクと呼ばれるジャンルからYouTubeを始めました。最初は特に深い意味など考えずに、ただ面白いから動画を撮っているだけでした。ただその後、僕が個人的にニューヨークを旅行した際、たまたま先に述べた『Improv Everywhere』の話を知り、ゲンキジャパンでやっているプランクにも同じような社会的意義を見出せるかもしれない、と考えるようになりました。

チャーリー・トッドらのアートパフォーマンスは、積極的行動主義（アクティビズム、activism）とも呼ばれ、社会的・政治的変化をもたらすために、特定の思想に基づいて意図的な行動をすることです。『Improv Everywhere』以外にも、世界中でこういう活動をしている集団がいます。有名どころで言うと、Chim↑Pom（チン↑ポム）、草間彌生《くさまやよい》、バンクシーなどがそうです。

ゲンキジャパンも『Improv Everywhere』が見事にニューヨークでやってのけたように、街中でドッキリを仕掛け、トリッキーなナンパという非日常的な行動をとることで、**日本という国、特に東京に蔓延《はびこ》る寒々とした空気感や閉鎖的なコミュニケーション環境に何か変化を加えることができるかもしれない。何か日本を元気にするようなきっかけになりうるかもしれない**。

そう考えると、自分たちがやっていることに、1本太い思想的な背骨ができた気がしました。

日本にはない新たなコミュニケーション

インターネットがコミュニケーションを支配するようになってから随分と経ちます。本当に人同士が対面でコミュニケーションを取らなくても生きていける時代になりました。

でも、こんな世の中だからこそ、ゲンキジャパンのナンパやプランクを通じて、古くて新しいフェイストゥフェイスのコミュニケーションの価値を再提示していきたい。また、海外でも同じことをやり、海外独自の反応（日本に比べて街中ドッキリやナンパに対する反応がかなり良い）を日本人に向けて発信していくことで、日本にはないコミュニケーションの形を周知できるのではないかと考えています。

以上が、僕たちゲンキジャパンが福岡を出て、東京を拠点に海外への旅を続け、ナンパや街中ドッキリという、非日常の小さな祭りをゲリラ的に繰り広げている理由です。

最後に。

ゲンキジャパンは２０２１年秋からYouTubeの撮影でニューヨークに数カ月間滞在したことがあります。同時多発テロ事件からちょうど20年が経過していました。『Improv Everywhere』の設立からも同じく20年が経っていましたが、ニューヨーカーたちは我々を陽気に迎え入れてくれました。

ゲンキを筆頭に、ちゃんゆう、人間、そして僕。ニューヨーカー、或《ある》いはニューヨークに集ったツーリストたちは、我々４人が仕掛けるドッキリやプランクナンパの数々を最初は驚き当惑しながらも、最後は笑顔になって喜んでくれました。少しはチャーリー・トッドたち、２００１年のヒーローたちに恩返しできた気がします。

序章

ゲンキがナンパ師になるまで

ここまでゲンキジャパンのナンパが、世間一般のナンパとは一線を画すものである理由を書いてきました。

そもそも、なぜゲンキはナンパをするようになったのか。本章に入る前にそのきっかけを皆さんと共有したく、これまでの彼の人生を振り返ってみます。と言うのも、なぜ彼がナンパというものを知り、始め、今に至ったのかを知ることが、これからナンパをしてみたいという方へのヒント、またはナンパをせずとも彼の思考を理解するための手助けになるはずだからです。

この序章は、ゲンキジャパンの結成メンバーのジュンペーがライターと一緒にゲンキにインタビューしたものを文章化しています。「早くナンパの手法を知りたい」という方は読み飛ばして、第1章から読んでいただいても構いません。それでは、どうぞ。

恋愛観の形成とナンパ師の片鱗

日本一のナンパ師は愛知県で生まれた。〝ゲンキ〟は本名。小さい頃から「名前の通り元気だね」と、よく言われてきた。

父は世界的な自動車メーカーに勤め、母はゲンキが小学校中学年になるまで専業主婦だった。3人姉弟の真ん中で、2つ上の姉と4つ下の弟がいる。寛容な両親は子供のやりたいことを何でもやらせてくれ、ゲンキたちが自由に行動する姿を後ろから温かく見守ってくれた。

今でこそ〝ナンパ〟を得意なスキルにしているが、もともとは女の子と遊ぶ以上に男友達と身体を動かす方が好きなタイプ。

幼稚園の時にはサッカークラブに入り、小学3年からは野球に目覚めて地域の野球チームに加入した。ちょうど落合博満《おちあいひろみつ》が地元の中日ドラゴンズを率いた最初の年だった。ゲンキはナゴヤドーム（現・バンテリンドーム ナゴヤ）にもよく観戦に行き、当時主力だった福留孝介《ふくどめこうすけ》の打撃に歓声を上げ、アライバ（荒木雅博《まさひろ》と井端弘和《いばたひろかず》）の美技にため息をついた。また父の影響でMLB（メジャーリーグ）も観始め、全盛期のイチローに憧れた。野球以外にも水泳や陸上など、手当たり次第にスポーツに熱中する少年時代。ゲンキが運動好きなのは今でも変わらない。

勉強にはあまり興味がなく、教室の後ろの方でいつもフザけているお笑い担当だった。目立つことは大好きだったので、活発でスポーツができれば、クラスの人気者になれると思っていた。明るくて、スポーツが好き。いわゆる、典型的な陽キャ少年である。クラスの女子を異性として意識し、〝モテ〟に興味が芽生えるのはこの頃から。小4の時には好きな子が3人もいて、「席替えで近くになれ」と願ったり、女の子にちょっかいを出して何かしら気を引こうとしていた。

そんなゲンキは小学5年で初めての彼女ができる。

ゲンキの好意が何となく女の子に伝わって、向こうも実は彼のことが好きだと分かり、微笑ましい小学生カップルの誕生。すんなりと理想的な両想いになれたせいか、「俺ってカッコいいかも」と、ゲンキは初めて恋愛への自信、彼曰《いわ》く「男としてのヘンな自信」を持った。

それからのゲンキは急に色気づく。髪を伸ばしたり、派手なシャツを買ってみたり。それまではスポーツ刈りで冬でも半袖半ズボンで走り回っているような男子だったのに、「美容院に行きたい！」と母親に頼み込み不思議がられていた。

しかも〝ヘンな自信〟のせいで調子に乗ったのか、ゲンキは小学6年の時に初めて浮気らしきことをしてしまう。両想いの子がいるのに、地域のドッジボールの試合で知り合った他校の女子児童と仲良くなり、付き合うようになってしまった。魅力的な女の子がいると彼女の存在も忘れて〝モノ〟にしたくなる。子供にしては気が多い方で、ゲンキのナンパ師としての素質が現れ出したのはこの頃かもしれない。

中学・高校時代は野球と恋愛の二刀流

中学時代のゲンキは大好きな野球にますます夢中になっていく。野球部では1年から同じ学年をまとめるリーダーとなり、3年生が引退した2年の夏からは新チームのキャプテンに抜擢《ばってき》され、野球部を引っ張っていく存在になった。

野球部が部活の花形だった学校のせいか、野球部のキャプテン＝学校の顔になっていて、ゲンキは生徒会の役員にも選ばれそうになってしまう。ただ、生徒会のお堅いイメージが自分に合わないと判断して辞退した。とは言え彼は目立つのが嫌いな訳ではない。学級委員や体育祭の応援団長に選ばれたりと、学内の日の当たる場所には常に彼がいた。やはり陽キャなのだ。みんなの学校にもいたクラスの中心の〝あいつ〟、あいつこそがゲンキである。

ゲンキが夢中になる対象はもちろん野球だけではない。女の子と遊ぶのも楽しくて仕方がなかった。好きな子を公園に呼び出して告白したり、女子から告白されることもたびたびあった。3年間で彼女が途切れた日はついに来なかった。先生からは「女好き」と揶揄《やゆ》され、友達からは「そんなにカッコいい訳じゃないのになぜモテるの?」と妬まれた。ゲンキにはスポーツと恋の両立へのこだわりがあった。

ゲンキが10年以上前の〝こだわり〟を思い出してくれた。

「今でも続いてることだけど、〝恋愛だけの男〟にはあまり見られたくなかった。中学や高校時代は『女にうつつを抜かして野球を疎かにしてる』と言われたくなくて、女の子と楽しく遊びつつ、野球も頑張ってました」

ゲンキと野球の熱い関係は高校生になっても続いた。決して野球が強い高校ではなかったが、上下関係や礼儀に厳しく、週6で朝と夜の2部練習をやるハードな部活だった。

朝から練習、休み時間にメシを食い、授業中は寝て……。文字通り野球漬けの日々だったが、そんな生活が楽しかった。

高校時代も二刀流は健在で、彼女が何人かできた。この頃からゲンキは成長志向が旺盛《おうせい》で、自分のレベルさえ上がれば、出会う女性や付き合う女性もおのずと変わると信じていた。自分はもっと上に行けるという確信だけはあった。

しかし高校3年の夏、自分が成長している実感や達成感を、ゲンキは大好きな野球から感じられなくなってしまう。

本田圭佑の〝優勝宣言〟でサッカーを始める

ゲンキは高校3年まで野球をやりきって、燃え尽きてしまった。多くの高校球児、いや、部活に青春を捧げてきた日本中の高校生たちと同様に。野球以外に打ち込んできたものがゲンキには何もなかった。

虚脱感の抜けないゲンキは進路にも思い悩む。大学に進学すべきかどうか。大学でやりたいこともなければ、自分から大学を選べるほどの学力もなかった。

高3の夏、野球部を引退した時点でのゲンキの偏差値は38。授業中はずっと寝ていたので、勉強なんてできる訳がなかった。とにかく実家を離れたかったゲンキは、まず関東のスポーツ系の学部がある大学に進路を定める。将来一番使えそうだと感じていた英語をメインに受験勉強を始め、個別指導の塾にも毎日通った。学習の成果は徐々に表れ、成績は上向き、英語に至っては偏差値60にまで引き上げることに成功した。

年が明け、高校生活も終盤に差しかかった2014年の1月頃、ゲンキはたまたまサッカーの日本代表戦をテレビで観ていた。衝撃のデビューを果たした南アフリカ大会から3年が過ぎ、すっかり代表の顔となった本田圭佑《けいすけ》がインタビューに答えている。「ワールドカップで優勝します」と本田は平然と宣言した。

当時のザックジャパンは、ワールドカップで何とかベスト16に入るくらいの実力。にもかかわらず、ケイスケ・ホンダは堂々と「優勝する」と言い切っていた。周りからどんなにバカにされても自分の夢を貫く生き方が、代表のエースを信じる全国のサッカーファンと、熱い目標を見失っていた愛知の高校3年生に刺さった。

ゲンキは当時をこう振り返る。

「瞬間的に、俺もサッカーやりたい！ってなった。本田はワールドカップを本気で獲りにいってる。それに比べたら、ずっと野球しかやってこなかった俺が、今からサッカーを始めるなんて別に大した挑戦じゃないって感覚になれた。すごく気持ちが軽くなった」

明確な目標が決まったゲンキは進路を軌道修正し、日本全国のサッカーが強くて素人でも入部できそうな大学の中から、自分の学力に見合う学校を探した。関東や関西のサッカー強豪校は初心者の入部が難しいので、仕方なく対象から外した。ゲンキは愛知から遠く離れた福岡の九州共立大学に志望を絞り、締め切り間際に出願した。そして弛《たゆ》まず受験勉強を続けた結果、彼は同大学の合格通知を受け取る。

突然芽生えたサッカーへの情熱はゲンキの周囲を大いに驚かせた。「本気でサッカーやるの?」「サークルでいいじゃん」という親や友達の当然の忠告は、「本気でワールドカップで優勝するつもり?」「目標はグループリーグ突破でいいじゃん」という本田発言への現実的なサッカーファンの反応とダブった。しかし本田イズムに染まったゲンキは近しい者たちの疑念をこう制した。

「いや、俺はプロを目指して真剣にサッカーをやりたいんだ」

どれだけ常識的に考えておかしな行動でも、後先考えずにチャレンジするのがゲンキなのだ。

周囲の心配の通り、大学のサッカー部に入ってからのゲンキは辛酸を舐《な》める。ルールもよく分かっておらず、DFラインを見ずに自分の感覚だけで動いてオフサイドになると、チームメイトたちにすぐ素人だと見抜かれてしまった。少しでも仲間との実力差を埋めようにも、見ず知らずの福岡の地に練習相手になってくれる知り合いはおらず、毎晩、下宿近くの公園で一人、基礎練習に励む孤独な日々が続いた。

チームメイトの中には〝大学デビュー〟のゲンキを嫌う者も、面白がる者もいた。仲間たちの好奇の目に晒《さら》されるチャレンジングな環境が、心身を鍛えてくれたとゲンキは今でも思っている。

逆境に身を置く者には伸びしろしかなく、ましてやゲンキのマインドにはケイスケ・ホンダが宿っていた。大学入学後の2年間は、ゲンキにとってサッカーでのし上がることしか考えなかったタフで幸福な時間だった。

2年ではなく4年ではないのか？　いや、2年だ。そう、ゲンキは大学2年の終わりにサッカー選手になる夢をきっぱり諦めてしまったのだ。

一人旅立ったアメリカで感じた居心地の良さ

大学2年の終わり頃、ゲンキはサッカーでメシを食っていく夢を叶えるには、プレイヤーとしての限界を感じていた。当然と言えば当然。大学入学時点で気付きそうなことではあるが、ゲンキにとっては関係ない。まずやってみるのである。やってから考えるのだ。

この時期に彼は1冊の本を手に取る。プロ野球選手の川﨑宗則《むねのり》の本だった。川﨑は憧れのイチローと同じチームでプレイしたいと決意し、海外FA権を行使してシアトル・マリナーズに入団。アメリカでは通訳をつけず、自身のコミュニケーション能力だけでチームに溶け込む様子がメディアでも話題になっていた。川﨑の自著には彼がアメリカでの過酷な状況を味方につけ、思う存分逆境を楽しむ姿が活写されており、ゲンキは強い衝撃を受ける。

同書には日本とアメリカの野球や文化の違い、ライフスタイルの違いも克明に記されていた。その川﨑流の日米文化比較論もまた、ゲンキの好奇心を刺激した。

サッカーでプロになることが現実的に無理だと悟った時、ゲンキはこれまで自分がスポーツしかしてこなかったことに気付いて愕然《がくぜん》とした。このままだと狭い世界しか知らぬ退屈な人間になってしまうと危機感を覚えた。

ゲンキが当時の〝危機〟を述懐《じゅっかい》する。

「ヤバい、とにかくすぐに行動を起こさなきゃと焦った。その時、ムネリン（川﨑宗則）の本を読んで海外の文化に興味を持ち始めたので、よし、彼みたいにアメリカに行こうと決心した。それしかないって感じだった」

今も昔も迷える若者、挑戦する若者が目指す国、USA。川﨑の本が決定打となり、ゲンキは逡巡《しゅんじゅん》することなく大学のサッカー部を辞めた。サッカーに賭けた2年間、全くの素人だった自分がチームメイトに認められるまで成長できたので、ゲンキには夢にこそ届かなかったが確かな達成感があった。

アルバイトに打ち込み旅費を貯めたゲンキは、パスポートを取るや後ろを振り向きもせず、一人アメリカのシカゴに向けて旅立った。就職や留学といった明確な目的はもちろんなく、かといって単純に観光とも言い切れない、とにかく今のままではダメだと、居ても立ってもいられなくなった末の一人旅だった。やはりゲンキは行動なのである。とにかく決めたら動く、そしてそこから考えるのだ。

行き先にシカゴを選んだのは、当時シカゴ・カブスに在籍していた川﨑のプレイを観て刺激を得たかったから。ただ旅行中、川﨑はマイナーに降格していたので、ゲンキは逆境を楽しむ彼の勇姿を生で観ることができなかった。

初めての海外一人旅で心許《こころもと》ないゲンキの孤独を埋めたのは、現地の宿泊先であるゲストハウスだった。シカゴに集った外国人ツーリストの親切心に、ゲンキは救われる。ゲンキが拙《つたな》い英語で話しかけても、彼、彼女たちは頑張ってコミュニケーションを取ってくれた。その温かさがゲンキにはとても心地が良かった。

ゲストハウスの居心地の良さはゲンキのマインドまで変えてしまう。それまで、自分で自分の心を閉じ込めていたことに彼は気付いた。

誰か話したい人がいる。でも、こちらが勝手に話しかけたら嫌がられてしまうかもしれない。これを言ったら、この人はどう思うんだろうなど、ゲンキは良く言えば繊細なタイプ、悪く言うと余計なことを考えて出会いの機会を自ら逸するタイプだった。そう、このアメリカ一人旅までのゲンキは、実に一般的、典型的な日本人だった。今これを読んでいるあなたと同じ感覚の時が彼にもあったのだ。

女性に対しても「素敵だね」「それ可愛いね」と自然に褒めたいが、周囲の目を気にして自らにブレーキをかけ、異性への賛辞を気軽に口に出さなくなっていた。ゲンキは無邪気に自身のコミュニケーション能力を全開にしていた子供時代から、ある意味、より大人になった振る舞いを覚えたとも言える。また必死にサッカーに打ち込んでいる間、一時的に高いコミュ力を抑えていたのかもしれない。

誰かと話したいとか、人と仲良くしたいという気持ちは、素直に言葉に出していいことをゲンキはアメリカで改めて知った。それは現在のゲンキを形づくる、重要な発見だった。自分を上回るほどの素晴らしいコミュ力の持ち主たちとの出会いは、それほどインパクトがあった。また、孤独で不安な時に話しかけられて嬉しかった経験は、今度は自分が話しかける際の力強い追い風となってくれた。

消極的な相手本位から良い意味での自分本位へ、この〝マインドのコペルニクス的転回〟とは別に、ゲンキは自身の英会話の未熟さをシカゴで痛感した。ちゃんと英語が喋《しゃべ》れないと、友達もできないし関係性を深めることもできない。

10日間の一人旅から帰国後、ゲンキは本格的に英会話の勉強を始める。座学もやったが、大学の研究室にいる外国人の先生に会いに行き、英会話のレッスンもお願いした。先生は快く受け入れてくれ、休み時間にゲンキの会話相手になってくれた。この頃、ゲンキは自分のやりたいことは、英会話を武器に、いや英会話を〝相棒〟にして、世界中の人たちと深いコミュニケーションを取って仲良くなることだと、静かな興奮と共に確信した。

ネイティブと話すために始めたナンパ

ゲンキの中でアメリカへの想い、心ゆくまで英語で会話したい要求は抑え難く膨らんでいった。次にアメリカに行くなら、旅行ではなく長く滞在したい。ゲンキは大学を休学して、留学することを決意した。

彼はアルバイトを増やして費用の半分を工面し、残りの半分は親に出してもらい、アメリカはサンディエゴへの5カ月間の語学留学を実現する。サンディエゴはロサンゼルス（LA）の南に位置する西海岸の大都市で、メキシコとの国境の街でもある。同地には巨大な海軍基地があり、現在ダルビッシュ有《ゆう》が所属するMLBのパドレスもあった。

サンディエゴの語学学校には、世界各国の人々が集まっていた。さながら小さな人種の坩堝《るつぼ》。ゲンキはなるべく日本人とはつるまないようにして、英語だけで生活することを心がけた。

英語を学ぶための学校の宿命か、校内には英語のネイティブが先生たちしかいなかった。せっかくアメリカにいるんだから、もっと地元の人たちと話したい。ゲンキは語学学校を飛び出し、街中にいるネイティブたちに声をかけ、コミュニティを広げていった。ある時は語学学校の知り合いと連れだって、学校にほど近いOcean Beachで寝そべる女性に声かけしたこともあった。その時は緊張からか殆《ほとん》ど話せず、連絡先も聞けなかったが、今やっている〝ナンパ〟の最初の最初だったかもしれない。

その後、平成から令和の世となり、夏が来るたびに湘南のビーチに集う女性たちに軽やかな〝声かけ〟を行う洗練されたナンパ師が登場するまで、我々はまだ数年の時を待たなければならない。

声かけの原動力は「英語を喋りたい」

得難い経験を積んだサンディエゴでの留学から帰国し、ゲンキは大学に復学した。大学はもう就職活動のシーズンで、二度のアメリカ滞在を経て、ゲンキは海外で働きたいという想いが一層強くなっていた。彼は英語教育や留学系の会社の面接を受けるべく動き始めた。

ただ、海外勤務を夢見るゲンキには切実な悩みがあった。日本にいて英語を喋る機会が減ると、どんどん英会話の能力が落ちていくような気持ちになるのだ。

不安を解消するにはとにかく英語を喋りたい。いや、喋らなくてはならない。ゲンキは悩みを払拭《ふっしょく》するため、大きな駅や繁華街に行き、通りすがりの外国人に自分から喋りかけるようになった。

元気良く声をかけて挨拶し、ひと言ふた言フランクに英語で話してみる。たったそれだけの英会話でも、彼には貴重な経験になった。

積極的な声かけを始めた当時をゲンキが思い出す。

「日本にいる外国人って、みんな優しいなって改めて感じた。無視しないで、とりあえず俺の話を受け止めてくれるから」

でも、まだ足りない。もっと英語を話したいと貪欲になっていくゲンキに、友人が『インターナショナル・シェアハウス』を勧めてくれた。その名の通り様々な国の人たちが住んでいるシェアハウスでは、共通語として常に英語が飛び交っていた。

ゲンキはとにかく英語の実力をつけたかったので、シェアハウスの概要を調べるや、すぐに契約して住み出した。

シェアハウスの仲間は皆フレンドリーで、留学していた時のような懐かしさと居心地の良さを感じた。英語が共通語の環境は目論見《もくろみ》通りゲンキの英会話力を引き上げた。

誰でもいいから1日1回声をかける

ゲンキは就活のために英語教育についての本をいろいろと読んでみた。その中の一冊に、「日本人が英語を話せない理由」と記された一節があった。「そもそも日本人は歴史的、文化的にコミュニケーション能力が低い」「日本語を上手く話せない人間が、英語で上手く話せる訳がない」など、書かれている内容は辛辣《しんらつ》だった。

渡航を重ね、自分なりに日本と海外の文化比較をできるようになってきたゲンキにとっても、その本の指摘は腑《ふ》に落ちるものだった。

ゲンキ「確かに海外では初対面の人と気軽に話す文化があるし、それに慣れている。日本人は、どうしてもそこで躊躇《ちゅうちょ》してしまう」

さらにその本では、コミュニケーション能力を上げる方法として「1日1人、知らない人に声をかける」ことを勧めていた。この〝声かけのすゝめ〟にもゲンキは気付きを得る。

ゲンキ「そうか、俺は今まで外国人を探して声をかけていたけど、コミュニケーション能力を上げるためには日本人でも構わないのか。そんなことに今さら気付いて、じゃあこれからは日本人にもどんどん声をかけようと思い直した。街で外国人を見つけるのは結構大変だからね。でも日本人なら、一気にやりやすくなる」

万人に声かけする強力な動機を手にしたゲンキだったが、いざ実践するとなると声をかけるキッカケが難しい。「すみません、コミュニケーション能力を上げるために声かけしてるんです」と真っ正直に動機を口にしたところで怪しさは増すだけ。

最初の〝キッカケ〟で躓《つまず》いたゲンキが思いついたのが〝お手伝い〟だった。何か困っている人がいたら、手伝いますと声をかけてみる。ちょっと重そうな荷物を持っている人が駅の階段を上っていたら、近づいて「持ちましょうか」と声をかける。エレベーターで乗り合わせた人に「何階ですか」と聞く。それでも1日1回声をかけるというノルマは達成できる。手伝いをキッカケにゲンキは少しずつ〝声かけ〟を始めていった。

ある日、ゲンキが駅に行くと、ホームで綺麗な女性が少し足を引きずって歩いていた。

ゲンキは近づき「大丈夫ですか」と声をかけた。

「大丈夫です。ありがとう」と女性は優しい笑顔で返した。

「階段の下まで一緒に行きますよ」とゲンキは再び気遣いを見せ、女性と歩きながら会話を続けた。刹那《せつな》のやり取りで仲良くなった2人は連絡先を交換し、日を改めてデートをすることになった。

後日、ゲンキはその女性との出会いを友達に話した。

「ゲンキ、それってナンパだよ」と友達は断言した。

「そうか、特に意識してなかったけど確かにナンパだな」

友人のナンパ宣告を契機に、ゲンキは自身の「1日1回の声かけ運動」を思い返した。万人への声かけ運動と言いつつも、ゲンキが声をかけるのは女性が多かった。いざ話すなら、可愛い女の子の方がどうしても彼のモチベーションは上がった。

俺は〝ナンパ〟をしていたんだなと、ゲンキは初めて認識した。と同時に世間のナンパのイメージがそれほど良くないということも理解し、あまり口外するものではないとも思った。

ナンパは誰でもできない自分の特技だった

インターナショナル・シェアハウスでの生活はゲンキにとって楽しい日々だった。ただ、難点が2つあった。一つは家賃の高さ。賃料は外国人が安く設定されている代わりに、日本人は割高というシステムだった。もう一つが、同じシェアハウスにゲンキの彼女も住んでいたので、浮気がしづらかったこと。彼にとって後者がより切実な問題だった。これまでの流れから、ゲンキは英会話に熱中する純粋な青年のように映るが、彼が根っからのナンパ師気質なのを忘れてはいけない。彼女がいても、一人の女性だけに絞るなんてできやしないのである。ゲンキは住居費を抑え、そして〝浮気の自由〟も得るため、似たような環境でよりリーズナブルな物件を探し始めた。ほどなく、住み込みで働けば家賃は0円という、フリーアコモデーション制のあるゲストハウスが目に留まった。

さっそくゲンキが博多区まで面接に行ってみると、建物の1階がオシャレなカフェになっていて、階上のゲストハウスには外国人が数多く宿泊していた。これなら英語を喋る機会があると思い、ゲンキはそのゲストハウス〝tonagi〟で働きながら住むことにした。

tonagiでゲンキより先に働いていた〝先輩〟が、YouTube『ゲンキジャパン』で後に活動を共にすることになる、ジュンペーこと松枝純平《まつえだじゅんぺい》だった。

出会った頃のジュンペーの印象をゲンキに聞いてみた。

「ジュンペーの第一印象か。正直これといったものはなく、普通のよくいるカフェ店員だったな。唯一あるとしたら、恥ずかしがり屋ってイメージが残ってる。今でもそうだけど。でも羞恥心《しゅうち》が強いのに、文化祭でバンドやって派手なパフォーマンスをしたり、体育祭の応援団長やったりと、俺と似たことをしてるんだよ。俺とは全く違うタイプのリーダーシップを発揮する奴なんだなって思った。ジュンペーのことは彼と関わって仲が深まっていく中で、どんどん彼の新しい面を知っていく感じだった。その都度、そんなこともできるの！って驚いたのを覚えてる。今振り返ると、ジュンペーはそう簡単に人に心を開かないし、距離を縮めるのに時間がかかるタイプなので納得だけど」

ゲストハウスで働きながら、ゲンキは声かけ運動、いや、もうストレートに言えばナンパを続けていた。ゲンキがある時、自分のナンパについてポロッとジュンペーたち、tonagiの男性スタッフに喋ったことがあった。tonagiの仕事仲間はゲンキのナンパ話を先入観なく受け入れて面白がった。偏見なく彼の行為を褒め、スゴいと認めた。世間の受け止めと乖離《かいり》したジュンペーらの反応にゲンキは意外に思うも、自身のナンパを評価してくれる他者がいたことが彼には嬉しかった。そして〝ナンパ〟が自分の特技なのかもしれないということをゲンキは自覚し始めた。

またこのtonagi時代、ゲンキは外国人への声かけとは別の形で英語を学びたいと考え、自分で無料の英会話教室を開いた。知り合いの留学会社の事務所を借り、英会話に興味のある人たちを募って皆で喋るという軽めの集まりだったが、その催しのフライヤーをジュンペーが作ってくれた。ゲンキの英会話力と行動力、ジュンペーのデザインセンスや審美眼が活かされたこの小さな共同作業は、後に回顧するとゲンキジャパンの活動の原点だったかもしれない。

卒業間近で大学を中退し、YouTuberになる

ゲンキは英会話の勉強をする目的で、海外のYouTubeをよく観ていた。中でも〝プランク〟と呼ばれる街中ドッキリが彼は好きだった。ナンパ系のイタズラっぽい企画が多く、イタズラの対象になった女の子も笑わせており、全体的に嫌らしさがなく素朴に楽しめた。海外のプランカーに感化されたゲンキは、街で声かけする際にギターを持って女性の隣に座りいきなり歌い出すという、プランクナンパの真似事をやり始めた。動画で観たままを自分でもできて、動画と同じように女性も笑ってくれる。そして何よりやっている自分がメチャクチャ楽しい。

ゲンキは自身のプランクへの思い入れをジュンペーに話してみた。

「就職して余裕ができたら休暇を取って、プランクしながら、女性も口説きながら海外を回る動画を撮りたいな。そして動画をYouTubeにUPしていきたい」とゲンキは希望を語った。

「いや、ゲンキ。就職したら絶対そんなこと無理だから、大学卒業したらすぐにYouTubeを始めた方がいいよ」とジュンペーが助言した。今思えば、社会人経験が殆どなく、まだ一緒にYouTubeをやってもないのに、無責任すぎるアドバイスだった。

しかし、この助言をゲンキは受け入れ、確かにその通りだと思い直した。いや、思い直す以上の決意をした。それほどゲンキのプランク熱、YouTube熱はもう止まらなくなっていた。

大学からいきなりサッカーを始めた時、サッカー部を辞め突然アメリカに旅立った時、人生のいくつかの岐路に立たされた時、ゲンキは世間体など一切無視して、自分の本能のままに行動してきた。今回も同じだった。

ジュンペーに諭された次の日、ゲンキはゼミの担当教授に「辞めます」と伝え、大学を中退した。卒業まであと数カ月、足りない単位はあと6個しかなかった。卒論も進めていて、就職も決まりそうな状況だった。だがゲンキの気持ちはもう完全にYouTubeに向いていたので、福岡市内のtonagiから大学のある北九州市に通う時間さえもったいなかった。当然、友達からも止められた。この〝選択〟がキッカケで、その時付き合っていた年上の彼女とも別れた。ジュンペーでさえ「辞めた」と言ったら驚かれた。

だがYouTubeを本気でやるなら、時間も経験も含めて、今自分が持っているものを全BETしたかった。ゲンキはこれまでと同様に、躊躇なく自分が本当にやりたい道を選んだだけだった。この時、ゲンキは日本のYouTubeチャンネルを殆ど観たことがなく、SNSでの情報発信も全くしたことがなかった。撮影機材もなければ、撮影のノウハウもない状態。ただ、俺の行動力で動画を撮れば、多くの人が興味を持って観てくれるとゲンキは信じていた。俺が好きな海外のYouTuberのように、登録者100万人を超えていけるという根拠のない自信があった。俺なら必ずやれると本気で思い込んでいた。

大学中退から2週間後、中退のきっかけを作った若干の後ろめたさを半分背負い、もしかしたらこの男は何かを成し遂げるかもしれないという期待も半分抱いたジュンペーと一緒に、ゲンキはYouTubeチャンネル『Genkiforfun（後に『ゲンキジャパン』へ改名）』を立ち上げた。

それから5年、1万人をゆうに超える女性に声をかけ続け、今や日本を代表するナンパ師へと成長した。

第1章

マインドセット

ナンパをする前に考えるべきこと

序章では僕がどのように生き、そしてなぜナンパを始めたか書いてもらいましたが、ここまで詳細だとなんだか気恥ずかしいですね。

さて、この第1章から始まる本章は、いよいよナンパの心構えや具体的な手法を読者の皆さんにお伝えするパートとなります。ここからは私、ゲンキがこれまでゲンキジャパンの動画の企画や、プライベートで培ったナンパのノウハウを全て書き尽くしますので、どうぞご期待ください。

「素敵な出会いを提供する」意識で

突然ですが、皆さんのナンパの目的は何ですか。
出会いがないから？
飲み相手が欲しいから？

それとも、一緒に夜を過ごしたいから？

多少なりともそういった展開を期待している人が殆どではないでしょうか。でも僕は、声をかける時点では、全くそうは考えていません。下心がないという意味ではなく、正確には〝その先〟を見越していないんです。

僕が意識しているのは、**声をかけた、その瞬間をまず女性に楽しんでもらうこと**。連絡先の交換などは結果でしかありません。なので、声をかけた女性にとりあえずその場しのぎで連絡先交換だけしておこうと思われるくらいなら、交換を断って笑顔で去ってもらった方が僕は嬉しいです。ナンパは連絡先集めゲームではないので。

以前、既婚の女性に声かけした際、当然のように連絡先交換は断られましたが、「久し振りに男性から褒められて嬉しい」と言われたことがありました。素敵な笑顔で喜んでもらえたので、僕も声をかけて良かったと思えました。

ナンパにおいて無視されるのは大前提

この既婚女性のように、一瞬でも相手が良い気分になってくれれば、それだけでナンパをやる意義があります。ほんの僅かな時間しか言葉を交わせなかったとしても、**女性に「いい出会いだった」と感じてもらうことが最優先**なんです。さらに言うと、ナンパの時点で女性に楽しんでもらえなければその後はない、くらいの気持ちで、僕はいつも声かけをしています。

ナンパは手段ではなく目的だとカッコつけるつもりはありません。ただ、僕の場合、ナンパは目的であり手段でもある。これが正直な想いです。

まず、その場の相手を最大限に楽しませる、喜んでもらうということが、ナンパにおける一番大切な心構えだと思っています。

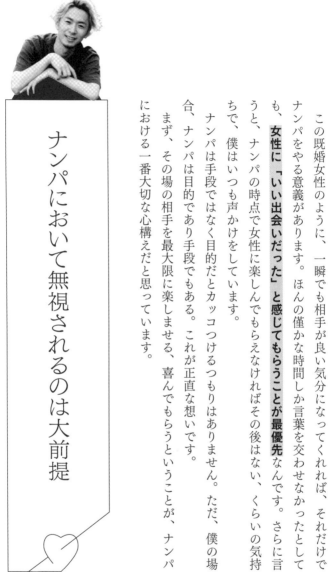

会社や学校や家庭や習い事で、人から無視されることは辛く悲しい経験です。ただ、**人から無視されても全く気にする必要がない〝行為〟**があります。それがナンパです。

ナンパをする人が安心していいのは、たとえ無視されたとしても、それは決して自分だけの責任ではないということです。

無視されることには、いろんな側面があります。それこそ、声かけする場所や状況、気分次第で相手の反応は変わってきます。例えば東京の新宿や渋谷といった繁華街では、僕でも5人に声かけして1～2人、足を止めて話を聞いてくれたら良い方です。誰かと待ち合わせていて急いでいた。人と話したい気分じゃなかった。ボーッとしていて気付かなかった。そういう状況は誰にでもあることなので、無視されたら、今がタイミングじゃなかったんだなと思うのが自然です。誰も悪くない。**別の時に、別の場所で、違う形で出会ったら、楽しく話せていたかもしれないという考え方**です。

もちろんナンパだと警戒されて、すぐに心を閉じられるケースもあります。ただ、いずれの理由であっても後に引きずる必要はありません。必ず笑顔で相手と別れてください。そしてすぐに気持ちを切り替えて、次の声かけに集中しましょう。

僕も今でこそ無視されても平気なマインドになりましたが、昔はそうではありませんでした。声かけをたくさん経験することで、無視への耐性がだんだんと培われていきました。皆さんも声かけの分母が大きくなればなるほど、無視されても平気になってくるはずです。そして大事なのは、**「なぜ自分を無視する?」という自分本位の考えではなく、「みんないろんな事情があるよね」と、相手本位に無視を受け止められるかどうか**です。

へりくだらず、対等の意識で接する

僕がナンパするのは、「あなたと話してみたい」という素直な気持ちからです。そこにはナンパする者とされる者、両者の対等な関係性しか存在しません。なので、初めから**異性に対して引け目を感じたり、下手《したて》に出る必要はありません。**

「デートしてください、お願いします」と無闇に頭を下げるのは、ゲンキのナンパではない。僕は普段、希望者を募ってナンパの講習をしていますが、相手に対してへりくだる生徒がとても多いんです。

最初から下手に出てしまうのは、「ナンパをするのが申し訳ない」というネガティブな先入観がそうさせるのではないでしょうか。

「ナンパは悪いこと」「街で声をかけるなんて恥ずかしいこと」。これでは魅力的な男のマインドとは呼べません。かといって、上から目線で接するのも論外です。「誰でもいいから、遊べそうな女を引っ掛けよう」「上手く騙《だま》してやろう」という考えも、僕が実践するスマートなナンパの対極になります。

ナンパは、**お互いに対等な出会いのきっかけ**にすぎません。素敵だと思ったから声をかけた。これは悪いことではなく、当たり前のことなんです。「無視してくれても全然いいけど、俺と話したら絶対楽しませるからね」くらいの自信に満ちたマインドが必要です。そんな対等の意識から生まれた異性との出会いが、一生の付き合いに発展する可能性だってあるのですから。

ナンパをする上で、相手を気遣うことは本当に大切な要素ですが、自分を過剰に下げすぎることはありません。相手へのリスペクトと自分の自信の割合を常に平衡に保つこと。その理想的なバランスから、お互いにイコールな関係が生まれるはずです。

悪いイメージを覆す強いマインドを持つ

「本書を読む前に」でも語られていますが、僕がYouTubeを始めた大きなきっかけが、海外、特にLAのYouTuberたちのプランクナンパを観たことでした。彼らはナンパをポップにフランクにやっていて、相手の女性を笑わせてもいました。観ていて嫌らしさがなく、面白くてカッコよかったし、僕もそんなナンパをやってみたいと思いました。

同時に日本でのナンパのイメージとの違いに驚きました。アメリカとは異なり、見ず知らずの人間とコミュニケーションする文化が育っていない日本では、一般的にナンパのイメージは悪いです。特に街でいきなり女性に声をかけてくる男なんて、ロクな奴がいないと思われても不思議ではありません。日本では知らない男性が近づいてくるだけで相手に警戒されるし、怖がられてしまう。

そんな状況でも、僕はナンパを続けていきたい。
そして、この**ナンパの悪いイメージそのものを変えていきたい**。
読者の中で「ゲンキジャパン」の動画をよくご覧になられている方はご存じでしょうが、僕は悪いイメージがこびりついたナンパに代わる新しい概念として、

〝GENKI〟を日本中、いや世界中に広めたいと考えています。〝GENKI〟とは、僕が培ってきた交際マインドの集合体です。

ただ、残念ながら〝GENKI〟はまだまだ世の中に知られていないので、この本では便宜上、ナンパという言葉を使っていきます。

僕が提唱するナンパを実践するためのマインドについては、この章でお伝えしました。

次章以降で皆さんと共有するナンパのテクニック論は、あくまでこのマインドの付属物です。〝素敵な出会いを提供する〟という意識が、この本を読んでナンパをしてみたくなった方たちの進むべき道を示す、大きな指針になります。技術論は、その道をスムーズかつ楽しみながら進むための優れたガイドブックになるでしょう。

また、〝素敵な出会いを提供する〟マインドを身につければ、ナンパに限らず、会社や学校、家庭など様々なコミュニティで知り合う多種多様な人たちとの出会いで活かせる、フランクな交際術として転用できるはずです。ナンパ時の気になる異性（同性）だけに限定せず、老若男女を選ばない開かれたコミュニケーション方法としても使っていただけたら、とても嬉しいです。

僕はナンパが上手くいかなかった時、「自分がもっと魅力的だったら、興味を持ってくれたかもしれない。もっと自分を磨こう」と考えます。ナンパをして出会うのはなにも他人だけではありません。自分自身と向き合って、新たな自分に出会うきっかけにもなります。

本書が皆さんに〝素敵な出会いを提供する〟ものとなれば嬉しいです。

第1章のまとめ

マインドセット

- 相手に会話を楽しんでもらい、「いい出会いだった」と思ってもらうこと
- たとえ無視されても落ち込まない。「みんないろんな事情がある」と考えられるマインドを持つ
- ナンパするからといって、へりくだる必要は全くない。むしろ、対等な意識で話しかけることの方がいい関係を作れる
- ナンパに対して悪いイメージを持っている人は多いが、そのイメージを覆すくらいの気持ちで「面白くてカッコいい」ナンパをする

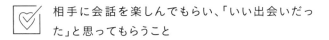

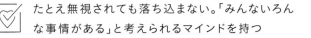

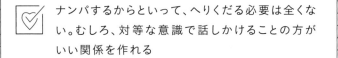

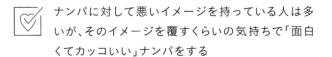

第2章

ナンパ初級編

スマートな声かけを意識する

第1章では初めてナンパをしてみたい人や、これまでの自分のナンパにどこか物足りなさを感じている人へ、これからのあなたのナンパが進むべき道を示しました。第2章からは徹底した技術論に入っていきます。進む方向が分かっても、進むための技術が身についていないと、スムーズに前進できないのは自明です。

ナンパへの〝恐れ〟を克服するマインドについては前章で述べましたが、恐怖心に打ち勝ち、相手に声をかけることができれば合格という訳ではありません。出会いを楽しみ、相手を楽しませる上で、自然体でナンパをすることが何よりも重要になってきます。

声かけだけでなく、その後の会話も、連絡先の交換も、全てナチュラルに言葉を発し、滑らかに身体を動かすことが必要です。もともとコミュ力が高く、飲み込みの早い人は、すぐに完成度の高いナンパができるかもしれませんが、そんな人はほんの一握りです。僕も最初は試行錯誤の連続でした。何度も声かけし、数限りなくナンパを繰り返すことで、だんだんといろんな状況に対応できるようになっていきました。実は今でもナンパをすると新たな気付きがあります。それほど、人間対人間のコミュニケーションに終わりはなく、正しい答えも一つではありません。

「継続することも一つの才能だ」と言った人がいました。僕もそう思います。声かけの経験を重ねることで、ナンパの場数を踏むことで、余計な思考や余分な力みが消え、よりシンプルに路上での出会いを楽しめるようになりました。前章を読んで、〝ゲンキのナンパ〟をするためのマインドセットができたなら、あとは〝ゲンキの技術論〟を読んで行動するだけです。これから積み重ねる経験の一つひとつが、皆さんのナンパをよりナチュラルで実り多いものへと導いてくれるはずです。

声かけに「慣れる」ことから始めよう

街を歩いている女性にいきなり声をかける。文字にすると簡単ですが、実際にやろうとすると、なかなか難しい行為です。緊張するし、何かトラブルになるかもしれない。この不安の原因は、どうなるか分からない未知への恐怖と、周りの視線を気にしてしまうメンタルということに行き着きます。この2つを克服させるには、声かけに慣れることと正しい声のかけ方を習得することが重要になってきます。

街で声をかけると、どうなるのか。それを実感する意味でも、まず「全く知らない人と話す」ことに慣れる必要があります。面識のある人間には気兼ねなく楽しい会話ができる人でも、いざ初対面となると、途端に無口になる場合が多いですね。「全く知らない人と話す」のは、日本人にとって意外と難易度が高いので、ここからクリアしていきましょう。

性別や年齢に関係なく、誰でもいいので街を歩いている人に声をかけるところから始めてみてください。挨拶するだけでも、道を聞くフリでも、何でもいいです。歩いている人にいきなり声をかけるのが難しければ、コンビニの店員さんでも、駅員さんでも構いません。「トイレの場所はどこですか」と聞くだけでもいい。そうして、こちらから話しかけること、知らない人と会話をすることにどんどん慣れていきたいですね。**この訓練はナンパだけでなく、全てのコミュニケーションの基礎になるはずです。**

ここで大事なのは、**緊張しなくなるまで続けること**です。声をかけた時の、こちら側の焦りや不安というのは、容易に相手に伝わってしまうものです。学生や社会人の方なら、何らかの発表の場で緊張してアガってしまい、自分の言いたいことを伝えきれずに悔しい思いをした経験はありませんか。「上手く伝えたい」「失敗したらどうしよう」という思いが過剰になると、人は普段通りに話せなくなってしまいます。なので、街中で知らない人への気軽な声かけを反復し、何げない会話を重ねることで、まずは成功や失敗にとらわれない〝普段通りに話す感覚〟を頭と身体に染み込ませましょう。

最初はおばあちゃんに声をかけてもOK

誰でもいいから声をかけよう。

そう思って街中を見回しながら歩いていると、声をかけるチャンスが多いのはご年配の方ということに気がつきます。駅などで階段を上りづらそうにしていたり、重い荷物をしんどそうに運んでいる高齢者の方が目に留まるはずです。そこで「手伝いますよ」と、ひと声かける。エレベーターで乗り合わせた人に「何階ですか?」と聞いてボタンを押す。これだけで〝1日1回の声かけ〟ノルマが達成できます。或いは親切なことをしたという小さな喜びも手伝って、簡単に1日1回以上できてしまうかもしれません。

そうして初めは高齢者にしていたことを、徐々に若い方にもしたり、自分が素敵だなと思う女性にもしていく。**これが積極的に、無意識にできるようになれば、第一のハードルを越えた**と言っていいと思います。

声かけの「コース取り」には鉄則がある

ここで、街を歩いている女性の視点で考えてみましょう。道の端にいた知らない男が、人の波を横切るように近づいてきて、いきなり自分に声をかけてきた。これって、すごく怖いですよね。

その人がカッコいいとか思う以前に、恐怖を感じて身構えてしまうはずです。

突然、後ろから肩を叩《たた》かれるというのも同じです。僕もそんなことされたら怖くて無視するか、思わず振り向いて睨《にら》んじゃうかもしれません。

声をかける前に絶対にしてはいけないのが、この〝不自然な動き〟です。周りが見えておらず、女性の緊張と不安をいたずらに高めてしまうだけです。

誰も立ち止まってくれない、無視される、という事態になってしまう人の大半は、この声かけまでのコース取りが良くない場合が多い。それほど相手への近づき方は重要です。周囲に溶け込みながら、なるべく自然に近づいて声をかける、という一連の流れをぜひ心がけてください。

ナンパは声かけする前から始まっているのです。

ナンパはスポーツ、繰り返し練習すること

僕はスポーツをずっとやってきたので、**そこで学んだ身体の動かし方や、ポジショニングの概念がナンパに活かせる**と常々思っています。

例えば女性に声をかける時は、相手の進行方向に対して正面に近いポジションをとる。横や後ろから入っていくのではなく、相対しつつも女性の進行方向を妨げることなく、柔らかく流れを受け止めるように声をかける。

これは少し不謹慎かもしれませんが、野球の守備における、ゴロを捕球する時と同じ動作なんです。最近はボールに対して最短距離で走り込んで捕るというスタイルもありますが、僕が部活で野球をしていた時代は、ボールが飛んでくる正面まで回り込み、身体全体で受け止めるというのが基本でした。要はこのゴロを捕球するまでの足の運び方が、女の子に警戒されない近づき方と一緒だということです。
この他にも、ナンパに関するフィジカルな考え方はたくさんあります。その一部を紹介すると、

- **止まったタイミングで「すみません」と言う**
- **早歩きからナチュラルに止まる**
- **力を抜いて歩く**

さらに僕は声かけする時の姿勢や、位置関係などもスポーツ的に分析して、実践しています。スポーツ、特に球技の身体動作は驚くほどナンパに活用できます。ちなみに昔、僕がナンパ講習で教える姿を見たジュンペーも「ゲンキのナンパはスポーツだ」と感じたそうです。

当時、講習を受けに来た生徒には、周りから見てダサいナンパ、醜いナンパを決してしないように、姿勢の正しさ、綺麗な歩き方の〝フォーム〟をまず教えていました。スポーツで理にかなっている動きは、常にフォームが綺麗なんです。ナンパも本当に同じですね。**フォームが綺麗になればなるほど、動きがナチュ**

ラルになるので路上で悪目立ちしない。悪目立ちしなければ、冷ややかな目で見られることがなくなり、周りの視線を気にしなくなる。その点、球技歴のある生徒は応用が利くので理解が早く、センスが良かったです。反対に運動が苦手な生徒は、良いフォームの習得に少し時間がかかっていました。

ただ、このあたりの身体感覚を文章で説明するのは非常に難しい。僕は現在もナンパ講座を開設していて、実際に受講生と街に出て、直接指導しています。ナンパをよりフィジカルに学びたいという方は、袋とじにある二次元コードからLINE@を追加しておいてください。また、僕の声かけまでのフォームや、ナンパ時の姿勢を確認したい方は、ゲンキジャパンのナンパ動画の視聴をお勧めします。

話したいという純粋な気持ちを声に込める

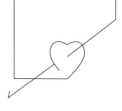

僕は数えきれないほどの女性に声をかけてきましたが、最初に何て言えばいいのか、いまだに正解が見つかりません。と言うか、正解はありません。どんなワードを、どういうトーンで発声すればいいのか。時と場所によって違ってくるし、これが絶対ということもない。

ただ、大事なのは〝**気持ちを込める**〟ことです。

「声をかけたい」と思って、身体が動く。そして「話したい」「話そうよ」「だから止まってよ」という気持ちを込めて、最初の「すみません」や「こんにちは」を言った方が、相手に深く届きます。

気持ちが込もっていれば、声のトーンも自然と違ってくるし、足を止めてくれる確率も高まるんです。

経験を積めば、〝声を演出する〟こともできるようになってきます。女性が好みそうな渋い声を出すとか、構ってもらえるように、困っているような雰囲気を出すとか。それらも試してみる価値はあるんですが、やっぱり原点は気持ちが自然と身体を動かすということなので、**素敵な女性に出会えたという高揚感を込めて声をか**

けてください。

気持ちが乗っていないと、その後のトークや褒め言葉も、全部が嘘くさくなってしまいますので、ここは重要なポイントだと思います。

なぜ無視されたのか、考えても答えはない

警戒されないように近づき、気持ちを込めて声をかけたとしても、残念ながら無視されるケースは多いです。

第1章でも少しお話ししましたが、これはまず相手の状況やタイミングが悪かったということがあります。

単に急いでいたというのもあるし、変なスカウトやキャッチセールスと誤解されたのかもしれない。声をかけられるのは別に構わないけど、街中で立ち止まって話を聞くなんて、悪目立ちしそうなので無視してしまった、という女性もいます。無視される理由はあると思いますが、それが何だったのかは、こちらには分かりません。僕たちにできるのは、**次はもっと自信を持って声をかけようと努力することだけ**です。

会話する時の「マナー」を心得ておく

僕のナンパは、シンプルでストレートです。声をかけて、それから会話をして、「今度、デートしましょう」と、連絡先を交換してその場を離れるだけ。奇を衒《てら》ったギミックはないですが、相手の緊張を緩和するため、というか、相手の笑顔が見たいので、ちょっとしたユーモアはタイミングを見て口にします。それ以外は特に変わったことをしたり、特別な話をしている訳ではありません。**気持ちから出た言**

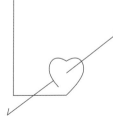

葉を素直に伝えるだけです。

また、話をする時のポジショニングも大事です。

基本的には、相手に対して立ち塞がらないように、斜め前あたりに立ちます。近づきすぎると、ちょっと怖い印象を与えてしまうので、距離は少し空ける。前傾姿勢で喋ると、積極的すぎ、かつ圧を与えてしまって相手が引いてしまう場合があるので、逆に自分の重心は後ろにする。細かく言うといろいろありますが、**とにかく相手を怖がらせないことと、ガツガツしないこと**、この2点に気をつけています。

喋り方について、声をかけてから相手が話を聞いてくれる体勢になるまでは、畳みかけるように早口で喋ることもありますが、基本は焦らず、ゆっくりとしたトーンで〝落ち着き〟を意識。棒読みにならないように、少し余裕を感じさせるくらいのペースで話せば、相手も少しずつ心を開いてくれるはずです。

相手をよく観察してまずひと言褒める

会話はまずひと言、〝褒める〟ことから始まります。そのためには、**相手をよく見て、できるだけ多くの情報を得る**必要があります。

何気なく、頭のてっぺんから足の先まで見て、褒めポイントを探してみましょう。ただし、ジロジロと見つめるのはもちろんNG。サラッと流して、自然にスキャンするような感じがスマートです。

この時、遠目からの方が全身を見やすいので、ちょっと距離をとったポジションに立つのは、そのためでもあります。

観察したい点は、顔のほかに、その人のスタイルや雰囲気。髪型はロングなのか、ショートなのか、色味はどうか。ファッションは派手か地味か、カジュアルかフォーマルか。ネイルやアクセサリー、バッグなどの小物はどんなものを身につけているのか。これはルックスを採点している訳ではなく、褒めたいところを見つけているだけです。

その中で、自分の心が動くポイントがあったら、そこをシンプルに「綺麗ですね」と褒める。「髪の色が綺麗ですね」でもいいし、「ネイル可愛いね」でもいい。感じたことを自然に口に出せばいいだけです。

髪に美意識のある女の子だったら、「髪色いいですね」と言われたら嬉しいはずです。

そして、そんなチャームポイントを、声をかけた理由にするのもいいと思います。「髪が綺麗だったので、気になって声かけてしまいました」とか。まさに、気持ちが身体を動かしたということを、素直に相手に伝える訳です。

会話内容が拙くても正直どうにかなりますが、女性を自然に褒められないのは、かなりマズい。まずひと言、女性を褒めることができる男になってください。

それで連絡先を交換せずに別れたとしても構いません。**自分が発した褒め言葉で**

相手が喜んでくれたら、その出会いには意味があったと思います。

褒める時は相手の目を見るのが基本

褒める時に大切なのは〝感じたことを、気持ちを込めてストレートに口に出す〟ことですが、その際に、しっかり相手の目を見て言った方が、より気持ちが伝わるはずです。

実はこれ、自分自身への確認の意味も含んでいます。もし褒め言葉が嘘偽りで、本当は思っていないようだと、なかなか相手の目を見つめて言えないものです。たとえ見られたとしても目が泳いだりしてしまう。換言すれば、**動揺せず、ちゃんと目を見て伝えられたら、それは本心として相手に受け止めてもらえる**のではないでしょうか。

〝褒める〟はナンパの時に限らず、どんな場面でも使ってほしい感情表現です。家族や恋人、友人や同僚を問わず、また家庭や学校や職場等のどのコミュニティであっても、**自然に褒めることができれば人間関係が円滑になります**。

一般的に日本人は褒め慣れていないため、最初はプライドが邪魔したり、恥ずかしさや照れ臭さがあるかもしれません。自尊心や羞恥心を超えて素直に他人を褒めることができれば、誰と会話する時も自分から会話の口火を切ることができます。

表情や体勢から相手の気持ちを読み取る

相手の見た目を観察して、自然と褒めワードが出てくるようになったら、もう一歩踏み込んで、**その表情や身体の動きもよく見る**ようにしてください。

表情は分かりやすいです。

楽しそうなのか、それとも困っているのか。眉毛ひとつでも、相手が何を考えているか読み取れるはずです。

身体の動きも同様です。

重心が前のめりだったら「話してもいい」という気持ちがあるし、反対に重心が後ろで、ちょっと自分から離れていたら、まだ警戒しているのが何となく分かる。

そういった**フィジカルのディティールまで捉えるクセをつけておくと、その後のコミュニケーションや、様々な場面で必ず活きてくる**と思います。
相手が今何を考えているのか完全に理解することはできませんが、その動きや振る舞いには繊細で豊かな情報が詰まっています。それを先読みして、会話や行動に繋《つな》げてみてください。

相手の連絡先は自然な流れで交換しよう

ナンパで意気投合して、会話が盛り上がった。この段階での、とりあえずの着地点は連絡先の交換ということになります。

僕は、いきなり「連絡先教えてもらえますか？」と、ストレートに聞くことはあまりないです。

話をしながら、相手のプロフィールや状況を聞き出して、何よりも楽しませて盛り上げる。それで、いきなり声をかけてしまったけど、僕もそろそろ行かないといけないし、多分そちらも同じだと思うんですけど……という雰囲気に持っていく。そうすると、どちらともなく自然に「じゃあ連絡先交換しますか」という流れになる場合が多いです。

話し足りなかったり、本当に時間がない時は、「すいません、後で詳しい僕のプロフィール送っていいですか？」と聞いてみることはあります。「それ読んだら、ブロックしてくれても構いません」「興味なかったら全然無視してくれていいので」と、**相手のハードルを下げるひと言を加えてもいい**かもしれません。

ここで「連絡先はちょっと……」と言われた場合、その理由は、**声をかけてからの会話内容がイマイチで、盛り上げ方が足りなかった可能性が高い**ですね。限られた時間で相手の興味を引くことができなかった訳です。

連絡先の交換に対するハードルは、世代でも違うし、地域差もあったりします。目の前の男が誰であろうと、「いきなり声かけてきた人と連絡先を交換するなんてだらしない」という固定観念がある女性もいます。そんな考えを、ナンパしてからの数分で解きほぐすのは難しいです。

だからといって、相手を非難する必要はありません。そこは「そうですよね。じゃあ、今度また見かけたら声かけます」と笑顔で告げて、お互いに気持ちよく別れましょう。

第2章のまとめ

ナンパ初級編

- 声かけはコミュニケーションの基本。訓練のように毎日行い、慣れることが必要。最初はおばあちゃんに「荷物持ちましょうか」などと声をかけるのがやりやすい
- 声かけの基本は「力を抜いて歩く」→「早歩きからナチュラルに止まる」→「止まったタイミングで声をかける」。この一連の流れを身につける
- 女性に話しかける時は「素敵な女性に出会えた」という高揚感を声に込める
- 話しかけた後は、女性を観察して褒めるポイントを探す。そして、褒める時は相手の目を見て伝えること
- 話しながら女性の表情や仕草を見て「相手が今何を考えているか」を想像するクセをつける
- 最後、連絡先を交換する時は自然な流れを意識すること。もし断られたら、それはあなたの盛り上げ方が足りなかったから

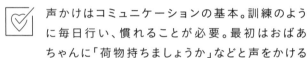

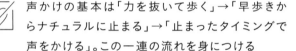

第3章

ナンパ上級編

溢れ出る余裕から会話を楽しむ

ここからは〝ゲンキのナンパ〟の上級編です。正直、ナンパに臨む心構えができ、声かけ前の身体動作から始まる一連の基礎的なムーブを実戦で覚えれば、あなたのナンパは既に6割方、完成しています。それなりに〝素敵な出会いを提供〟できて、自分自身もナンパでの出会いや会話を楽しめるようになっているはずです。

そして、これから語る上級編をマスターすることで、その完成度は8割にまで達するのではないでしょうか。こう言うと、上級編ができれば10割ではないのか？と疑問を持つ方がいるかもしれません。僕のナンパは完全無欠ではないので、あとの2割は日々ナンパをすることで、皆さんそれぞれが気付きを得る部分として残されています。

人の数だけキャラクターは異なります。ある程度までは相手の性格や反応を類型化して、嫌いな表現ですがマニュアル化できますが、この分類には限界があると思ってください。新たな女性と出会うたび、これまでになかった反応も増えてくる。ナンパに終わりはなく、残りの2割は永遠に埋まらない部分とも言えます。

僕はこの決して埋まらない2割こそが、ナンパをする醍醐味《だいごみ》だと思っています。

とは言え、まずは6割から8割にナンパスキルを引き上げることが大切です。本章の序盤では、ユーモアを生む遊び心について語り、続いて情報を読み取る対象を声かけする相手から自分自身へと広げ、女性を観察する時以上の鋭い注意力で、自分の外見を厳しく見つめる必要性を説いています。中盤から終盤にかけては、「あなたのナンパ力を上げる一問一答」と題し、様々なケースに応じた僕なりの最適解を、Q&A形式で明快にお伝えします。

初級編に比べて冷静な自己分析が必要となり、アドリブ要素も強く、難易度は上がりますが、よりナンパの奥深さを楽しむために避けては通れない考え方やテクニックになるので、ぜひトライしてみてください。

会話で大切なのは真面目さよりも〝遊び心〟

僕は子供の頃から、女の子を楽しませるのが大好きでした。時にはイタズラをしたり、時には冗談を言ったり。楽しませる＝相手を笑顔にすることならば、じゃあ、どうやったら笑ってくれるのか考えてみると、やはり**遊び心が一番大事**なんです。
会話の中で予想外のことを言うと、女性がクスッと微笑んでくれる。笑いが生まれる時って、相手が想像するものを裏切った瞬間なのは、お笑い好きでなくても知っているお約束ですよね。ただ、理屈では分かっていても上手く実践するためには、少しのセンスと溢れるほどの遊び心が必要です。

例えばナンパで声をかける際、一瞬だけ道を聞く振りをして「渋谷駅って、……いや場所は分かってて、お姉さんが綺麗だったんで声かけちゃいました」と言ってみる。意外性ある裏切りをしながら、相手への好意をさり気なく伝えられます。**軽い嘘から入って、後から「あなたと話したい」という本音をさらっと見せる手法**ですね。

また、遊び心を意識すれば、会話を繋げることも深めていくことができます。
青い服を着ている女の子に「もしかしてドラゴンズ好き？」と聞いてみる。現実的には「ん？」と言われるだけで、なかなか刺さらないんですが、もしウケたら野球好き同士、話が弾むきっかけになります。全く通じなくても、「いや、僕の地元が名古屋なんで思わず聞いちゃいました」と自己紹介に繋げられる。

会話を単調なキャッチボールにしないように、遊び心を加えて相手の予想を上回っていけば、起伏に富んだ楽しませ方ができると思います。そして遊び心を存分に発揮するには、自分の心に余裕がないといけないのは、言うまでもありません。

「どう見られるか」を意識すれば結果は変わる

ナンパで声をかけて、相手が反応する。嫌な顔をするのか、笑顔になるのか。その相手の反応は、言い換えれば〝**自分の表情や言動がどう見られているか**〟を表しています。笑顔だったら相手への印象は良いし、嫌な顔をされたら印象は悪い。声かけ時に好印象を残すため、一度、自分自身と客観的に向き合ってみましょう。

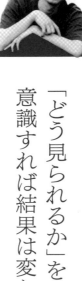

自分という人間が、相手にどう映っているのか。

僕は身長178㎝ほどありますが、一般的な日本人女性と比べたらだいたい僕の方が大きい。しかも髪は金髪だし、パッと見た感じでは何をしている人なのかよく分からない。こんな僕を、150㎝くらいの女の子が見たら、デカくて金髪のヤバい人と思われて、少し怖がられるかもしれない。

僕は自分を客観視して、そう見られる可能性があると理解しているからこそ、圧をかけないように少し距離をとろうとか、なるべく優しい言葉遣いにしようと心がけるようになりました。


この客観視には、当然ファッションも含まれます。中身が分かるまでは、人はどうしてもルックスから何らかの情報を得ようとします。自分がスーツ姿なのか、フーディーを着たカジュアルな感じなのか。それだけで見え方と印象がまるで違ってくる。特に**まだ言葉のやり取りに自信がない時期は、どうしてもナンパの成否に外見が占める割合が大きくなります**。

容姿については、自分ではどうにもならないマイナス面があるかもしれない。それでも気持ちを強くして、目を逸《そ》らさずにネガティブな部分を見つめれば、そんな自分をどう伝えるか、という戦略をポジティブに立てられるはずです。

小物を使って〝どう見られるか〟を意識するのも大切ですね。僕はたまに伊達《だて》メガネをかけてナンパをします。これにはちゃんと意味があって、例えば東京で言うと丸の内のオフィス街など、ちょっと堅めの街で声かけする場合、金髪だと浮いてしまうんです。それだけで不審がられて、避けられる可能性が高くなる。そんな時にメガネをかけるんです。単純ですけど、ちょっとだけインテリ感が出る。服装もなるべく襟付きのパリッとしたシャツを着るとよりいいです。

これはシンプルなイメージ戦略ですが、**目的は〝その街に馴染《なじ》む〟ということ**です。ファッションで自分を表現するのも大事なんですが、まだ女性に何も接触していない状態で無視される可能性が高くなってしまうのはもったいない。

自分の身なりと周りの状況を総合的に判断して、この街では金髪は受け入れられなそうだから、伊達メガネをかけて中和しようという狙いです。

これが渋谷などの繁華街だったら、別に金髪でも悪目立ちしない。なんならサングラスをかけて、より怪しさを出してもいいかもしれない。

見た目やファッションを根本的に変えるのは難しいかもしれないですが、小物を使うことで、その場所に馴染む演出は十分できます。

ちょっとした変装で普段と違う恰好《かっこう》をしてみると、ナンパの時にこれまでなかったキャラが現れて、新鮮な感覚になるかもしれませんね。

あなたのナンパ力を上げる一問一答

ここからはナンパ力を底上げするテクニックを一問一答にまとめましたが、これはナンパに特化したマニュアルとしてではなく、基本的には自分のライフスタイルの一部として答えています。僕の普段の生き方、考え方をそれぞれの場面に応じて出しているだけですね。ケースバイケースで有効なフレーズや所作というのは確かにあります。ただ全部がいわゆる〝決まり文句〟や〝決まりごと〟ではなく、やはり日常で感じていることをそのままナンパの時にも自然に表現している場合が多いです。

僕は生活がそのままナンパと直結しているので、自分の生活習慣が変われば、ナンパにもその変化が反映されます。皆さんは最初、この一問一答の答えをそのまま真似するのもアリかもしれませんが、様々なフレーズや対応が日常の延長として自然に出てくるようになれば素晴らしいですね。

可愛いと綺麗の使い分けは

可愛いは相手の一瞬の仕草を見て「あ、可愛いな」と内から自然に出てしまう反応。自然に出るので、気付いたら独り言のようにつぶやいています（テクニックで意識的につぶやく場合と本当に自然なつぶやきと両方あり）。

年上の女性には、敢えて可愛いところを探してみる場合もあります。年下の男に可愛いと言われ慣れてないはずなので。

綺麗は相手の外見だったり雰囲気、持ち物に対して客観的に見て思う感情。可愛いに比べると、より意識的に言っています。年下の女子への褒め言葉として、わざわざ〝綺麗〟と言おうとは思わない。年下に使う場合は、大人っぽい褒め方をしたい時に限って使っています。

相手の警戒を解く方法は

まず距離感を間違えないこと。一般的に日本人はナンパへの警戒感が強いので、声かけする場合は**パーソナルスペース1・5m以内に、最初は絶対に入らない**。威圧感を与えないよう、距離感は会話の中で徐々に縮めていきます。

例えば、話の流れで相手が笑ってくれたら少し近づいてみる。距離のとり方ひとつでも相手の立場になり、「いきなりびっくりですよね」と相手に共感する気持ちを入れてみましょう。「いきなりナンパしてきた変な人だけど、私のことを気遣ってくれてる」と女性に少しでも安心してもらいたいですね。

相手の表情や言動の変化を敏感に察知し、都度相手に寄り添っていくのが特に日本人をナンパする際には重要になってきます。

余談ですが、僕がナンパの初心者だった頃は、あまり女性に近づけませんでした。ナンパする照れがあったせいか、相手との距離が遠すぎて、声が届かない点が課題だったほどです。

近すぎる間合いからだんだんと離れていった訳ではなく、遠すぎる距離を徐々に今の1・5mくらいのベストな長さにまで近づけていきました。

「急いでます」と言われたら

ここでも女性に寄り添った対応が必要です。実例を挙げると、「そうですよね、急いでますよね、分かります」と相手の多忙さに共感を示す。或いは、「いや、僕も急いでいるんですよ、実は。でもそれでも綺麗だったので声かけたくて。15秒だけ時間ください」などもアリです。急いでいるなんて嘘だろという反応はNGなので、気をつけてください。

「私より可愛い子たくさんいるよ」の返しは

僕が若い頃には年上女性にこう言われる場合が多かったです。この謙遜の言葉が出たら、逆にチャンスと捉えましょう。誠実に切り返せば、自分の好意をしっかり相手に伝えられます。

「お姉さんはそう言うけど、俺が可愛いと思ったんだから可愛いです」「え、こんな可愛い子でもそんなこと言うんだ。自分のこと可愛いって思ってないんだ。じゃあ俺が自己肯定感を上げてあげる」「日本人って、そんな人めっちゃ多いんよな。みんな謙虚だから」などと、実際に言ったことがあります。

ただ「いや、可愛いです」と軽く返すだけなら相手に刺さりません。**切り返しで褒める時は、より刺さるような工夫を頑張ってしたい**ですね。ボクシングのジャブのような「可愛い」もあっていいですが、ここぞという時は、本当に真面目なトーンで「可愛い」を刺さるように言う。

ひたすら声かけに夢中になっていると、こういった女性のひと言に上手く返せない場合があります。相手のアドリブに対応する余裕は常に持ちたいところです。

相手の自己肯定感を上げるには

これはナンパだけでなく、デートでも使うケースが多いですね。人は誰しもコンプレックスがありますが、特に日本人は自己肯定感が低いと思います。まず、**自分の自己肯定感が上がってないと、相手の自己肯定感を上げることはできません。**「自分が幸せでないと、相手を幸せにできない」のと同じです。僕は自分を肯定する力が高すぎるせいか、「俺の自己肯定感で相手を引き上げてやろう」という気持ちが過剰なほどあります。

女性も複雑なので、ただ可愛い、綺麗と褒めるだけでは自己肯定感は上がりません。外見だけでなく中身に通じる部分も褒める必要があります。

例えば、「髪が綺麗ですね、ちゃんと定期的にメンテナンスしてるんですか」と言ってみる。このように外見（髪が綺麗）プラス内面（定期的なメンテをする美意識と努力）を褒めれば、この人はちゃんと見てくれていると思ってくれるかもしれません。

嘘の褒め言葉はすぐ女性に見破られるので、**本当のことを伝えるためには〝見る力〟がとにかく重要**です。観察力がイマイチな人は、自分主体に考えすぎて周りを見渡す余裕をなくしています。自分の状況が全く気にならないくらい余裕があれば、相手への観察眼が最大限発揮できるようになる。観察力を磨くのは才能ではなく、努力でやれます。なので観察する力を伸ばしたい人は、ナンパに限らず、普段から周りの人の言動を見て、そこにどういう情報が含まれているのか想像することから始めてみましょう。

「いつもナンパしてるでしょ?」の返しは

まず慌てない。慌てると〝イエス〟の証《あか》しになります。

低い声で「たまにね。でもホントにいいと思った人だけだよ」や「今どき自分で行動起こさないと出会いってないから。今日たまたま見かけたから声かけたんだよ」と堂々と伝えましょう。

「ナンパなんてしてないよ」と女性に言う必要は特にないです。なぜなら僕はナンパは悪ではないと考えているので。相手の女性にも自分のナンパが悪いと思わせたくない。素敵な出会いを求めてナンパをしていると正直に答えればいいだけです。

連絡先交換後に仕事のスケジュールを聞くのはなぜ

理由はメッセージでのいらないラリーを減らすためです。できればナンパで連絡先交換した時に、相手の仕事の終わる時間や休日を聞いて、次会う約束までしちゃいましょう。その方がデートの確率が上がります。**ナンパの別れ際に、「今度デートしようね」とマジなトーンで言うのを忘れずに**。

ナンパ後に、殆ど見知らぬ状態のままメッセージで自己紹介するよりも、面と向かってナンパしている間に少しでもお互いの情報を交換しておく方がよりいいです。ある程度ナンパで互いを知ってしまえば、その後連絡をする時にはもう全く知らない関係ではありません。デートに向けてのやり取りを、よりスムーズに行えるはずです。

女性と距離を縮めるナンパは

女性を笑わせることがとにかく大切です。**日本人が相手のナンパでは、笑いは主に警戒を解くため**。別に大笑いさせる必要はありません。クスッと笑ってもらい、緊張を緩和するくらいでちょうどいい。海外ナンパでの笑いは、「面白い奴だな」と思わせるためですね。経験上、外国人は初対面の人と話すことに抵抗がないので、警戒を解くための笑いは殆ど不要です。

また、僕は笑いを生む裏切りもよくやります。小さい頃からのイタズラ好きの延長ですね。デートの時はナンパ以上に可愛いイタズラをたくさんやっています。待ち合わせの時、既に相手の近くにいるのにもかかわらず、電話で「あと30分かかる」と伝えてみる。相手の気分が少し落ちたのを察したら、すぐ相手の目の前に登場して驚かせてみたり。そんな他愛もない小さな裏切りばかりですが、デートでは女性との距離が縮まっているので、相手も笑いながら受け入れてくれます。デートで解放した遊び心は、ナンパの時にも間違いなく活かされていると思います。

立ち止まっている人をナンパするなら

いつもより**声かけ時の距離を遠くとりますね**。縮めすぎると、自分のせいで相手がその場所から離れてしまう場合があるからです。僕がナンパすることによって、相手がその場所を動かざるを得なくなるのはスマートじゃないし、やりたくない。断られるとしても、相手の場所をそこから変えたくないんです。威圧感を消して、待ち合わせする人のように隣に着いてから、優しく声をかけます。大きな声は必要ないです。

歩いている人と比較しても、立ち止まっている人はナンパがしやすい。既に止まってくれているので、急いでないのはもう確定しています。ナンパで話すくらいの時間があるということです。相手が音楽を聴いたり、スマホで動画などを観ている場合が多いので、少し手を振って合図して自分の存在に気付いてもらいます。

あと、相手が立ち止まっている場合は、歩いている時以上にナンパも丁寧かつ誠実にします。声かけが嫌だったら、相手ではなく自分がすぐにどこかに行きますと必ず伝えます。当然ですね。

初心者は立ち止まっている人より、歩行者の方がナンパがやりやすいようです。僕の生徒さんでも止まっている人は逆に緊張すると言っていました。自分が声かけして立ち止まってくれるのは達成感があってやりやすいけど、止まっている人は自分の声かけに関係なく、最初からそこにいるので。

別に自分のために止まってくれている訳ではないので、そこは勘違いせず、より気遣いを持ってナンパしたいですね。

2人組をナンパするなら

◎片方を狙う場合

まず2人組の関係性を確認します（友達なのか姉妹なのか同僚なのか）。ルックスはどちらも可愛いのが理想。**敢えて狙っていない方の女性のみに話を振っていき、その子を自分の味方につける**。もしどちらも可愛くて仲の良い友達関係なら、僕が一方にだけ好意を持ってもそんなに嫌な気にならず、応援するモードになってくれるという読みです。

◎両方を狙う場合

片方が可愛くて、もう一人が普通の場合は少し複雑です。可愛い方に好意を持って一方的に話しかけたら、普通の子の機嫌が悪くなってしまいます。なので、**僕は普通の子の方と積極的に話すようにしています**。「お姉さんたち素敵ですね」という最初の声かけから、褒める場合も全部普通の子に話しかけていきます。

場の空気が温まってきたら、「今度僕の友達も誘うので4人で飲みに行きたいです」と言って、2人と連絡先交換するのがベスト。最悪、その場では普通の子とだけ交換しても、後々、可愛い方の子とも交換すればいいだけです。そして自分が仲良くなりたいと思った可愛い方に連絡する形になります。

あと、補足としては、2人組のパワーバランスが分かった場合は、リーダー格の人と話しがちですね。連絡先交換やナンパ後に会う約束も、リーダー格の方に決定権がある場合が多いからです。

カフェなどの店内でナンパするなら

◎当たり前のように話しかける

一番ダメなのは店内で浮くことです。路上ナンパは声かけに気持ちを込める部分が重要ですが、カフェでは「何の勉強してます?」「水いります? 持ってきましたよ」などと、まるで友達のように普通に話しかけます。悪目立ちすると、自分が気にする以上に相手の女の子が周囲の視線を気にします。基本的に日本人女性は変な注目を浴びたくないので、その点を注意してさり気なく声かけしましょう。

声かけ後に小声でこそっと「すみませんね、いきなり。綺麗だと思って」と気遣い&好意を伝えて、ナンパだと教えるのが理想的ですね。

◎小さな声で話す

カフェで友達同士が大声で話すのと、全く知らないナンパしてきた男が大きな声で話すのは、意味合いで全然違います。女の子が周りを気にして恥ずかしくならないように、なるべく小声で話しましょう。喋る内容は路上ナンパで話す内容と同じでいいです。

◎いきなり相席パターン

入りは「この椅子使ってます？　借りていいですか？」と堂々と話し、了承してくれたら、その椅子にそのまま座っちゃいます。相手は少し呆気《あっけ》に取られるかもしれませんが、「使ってないんですよね」と笑顔で畳みかけていくと、なんだ、ナンパかと気付いてくれるはずです。「ゴメン、遅れたよー」と言いながら、友達のフリしてそのまま座るプランクナンパっぽい入りも、強メンタルの人は試す価値あり。

◎隣に座るパターン

最初は普通に相手の隣に座って、タイミングをうかがって話しかけてみましょう。例えば相手が本を読んでいれば「何の本ですか？」など、相手がしていることに関連づけて話しかけるのが自然です。

◎女の子の周りの席が空いていなかった場合

声かけするには、相手がトイレに行く時や店を出るタイミング、または喫煙所に行く時（喫煙者の場合）が狙い目です。少し声かけの難易度が高いので、ナンパに慣れてきた人はぜひ挑戦してみてください。

自分はまだ店にいるつもりだったのに、相手が帰るタイミングで一緒に店を出るのは、よほど相手に好意を持った場合ですね。

彼氏持ちでもナンパするなら

女性から彼氏がいると言われるタイミングは、連絡先を聞く場面が多いです。また、デートの打診をした時にもよく言われますね。

大前提として「自分が素敵だなと思って声をかけた人だから、当然彼氏いるよね」くらいの気持ちが重要。

結局のところ、**相手に彼氏がいようがいまいが、どれだけ相手に興味を持たせられるかが重要**です。彼氏がいると言われても気にしないこと。「じゃあ友達から」と誘うのもいいし、「愛知出身の彼氏はいないでしょ？」とユーモアを交えて返してもいい。

なぜ気にしない方がいいかというと、**「彼氏がいる」という言葉はナンパの断り**

フレーズでもあるからです。さらに仮に本当に彼氏がいる人でも、僕の実体験では彼氏と上手くいってない子が半分くらいいます。

ナンパにおいて「彼氏がいる」と言われただけで諦めてしまうのは多くのチャンスを逃すことになります。

店員さんをナンパするなら

以前プライベートで訪れたハンバーガー屋で、レシートにペンで連絡先を書き、店員さんに「すみません。すごい可愛いなと思ったので」と言って渡したら、その後連絡が来ました。

この成功事例のように、**オーソドックスな連絡先を伝える手段が、店でペンを借りてレシートに書く方法**ですね。紙もペンもない場合は、自分が質問しているフリをしている間に連絡先を店員さんに小声で言ってもらって、スマホに入力することもありました。店員さんは忙しい場合が多いので、とりあえず番号を書いて渡し、自己紹介などは連絡が来てからですね。『ゲンキジャパン』の店員ナンパでは、連絡先を渡すだけだと面白くないので、頑張って店員さんとプラスアルファの会話をするようにしていますが。

店の業種や規模によっても従業員の対応は異なってきます。小さな飲食店だと、店員さんがフランクで気軽に店内で話せる場合があります。大きな服屋だと店内のあちこちに店員さんがいて、服を選び、試着室に行くまで一緒にいてくれたりするので、いろいろと話す時間があります。その間にいかに仕事モードじゃない、相手の素の部分を引き出せるかがカギです。

店員ナンパは自分が客の場合、相手も仕事柄、無視はできないので話をしやすい利点があります。そこが路上ナンパとの大きな違いですね。なので最初から路上ナンパだとハードルが高い人は、まずは店員さんに声かけしてみるのもいいかもしれません。ただ忙しそうな店員さんに対しては、十分節度を持ってチャレンジしてみてください。

第3章のまとめ

ナンパ上級編

- ただ真面目に話すだけではダメ、遊び心を持って楽しませることが大事
- 「自分がどう見られるか」を意識して、ファッションや小物を選ぶこと。ナンパする場所によっても、その街に馴染む服装にするのがベター
- 相手の警戒心を解く意味を込めて、パーソナルスペース1.5m以内には入らない
- 警戒心を解くには会話中もユーモアや笑いを織り交ぜること
- 褒める時は本当に思っていることを伝えると言葉に思いが込もる。そのためには、どれだけ観察できるかが重要
- 「いつもナンパしてるでしょ？」と言われても、否定する必要はない。別に悪いことをしているわけではないから
- 連絡先を交換した際、相手のスケジュール（仕事の時間や帰宅時間など）を聞いておくと、その後の連絡のタイミングやデートに誘う日で迷うことがなくなる

コラム

ゲンキジャパンメンバー座談会

「ナンパ師ゲンキの素顔とは」

2023年某月某日。日本一のナンパ師であるゲンキを語るために、ゲンキジャパンのメンバー3人が集まった。ジュンペー、ちゃんゆう、そして人間。3人とも同じ仲間、グループYouTuberとしてゲンキと苦楽を共にし、もう数年が経った。

知る人ぞ知る事実だが、ゲンキジャパンの4人は共同生活を送っている。今のゲンキジャパンハウスに定住する前は、池袋や浅草、代々木など、各地のシェアハウスやAirbnbの施設で共に生活し、ナンパやプランク動画を撮り続けてきた。その間、ニューヨークやパリに長期撮影旅行に出た時も、4人はいつも一緒だった。

なのでジュンペーら3人は、YouTuberとしてのゲンキはもちろん、家族よりもここ数年の生身のゲンキをよく知っている。

今日はその彼らの口から、どういったゲンキにまつわる話が飛び出すのか非常に楽しみだ。

第一印象は「ちょっと変わってる人」

ジュンペー　僕がゲンキと初めて会ったのは、当時住んでたシェアハウスに新しいスタッフとしてゲンキが引っ越してきた時。話を聞いたら、前のシェアハウスに彼女ができて、一緒に住んでると浮気できないからこっちに来たと言っていて、これはチャラい奴だなと思ったのが最初の印象。しかも、**それを初対面の僕に対して堂々と言うって「なんか面白いな」**と思った（笑）。

ちゃんゆう　うちは、大学のミスコンに出た時に「投票をお願いします」って立ってたら、金髪でYouTubeをやっているという男が話しかけてきて、それがゲンキさんやった。ちゃんと話したのは、それから少し経ってウチがYouTubeを始めてた時で、福岡の六本松のTSUTAYAでいろいろ相談して。

ジュンペー　そうそう、最初はゲンキとちゃんゆうでコラボしようみたいな企画で会うことになったんだよね。

ちゃんゆう　まだゲンキジャパンの登録者が1000人ちょっとくらいの時。その時のゲンキさんは**「真面目な人やな」**って印象ですね。

人間　僕が会ったのは、ゲンキジャパンがもう8万人ぐらいの時。TikTokerの女性の自宅にお邪魔して、女性2人と僕とゲンキの4人で深夜まで飲むという機会があって。最初はみんなで楽しく喋ってたんですけど、そのうちゲンキが女性を本気で口説き始めて……。なんかヘンな空気になったので僕は先に一人で帰りました（笑）。

ジュンペー　それは初対面から被害を受けてる（笑）。やっぱりみんな最初は「ちょっと変わってる人」っていう印象だったかもね。
僕とちゃんゆうで占いに行った時に、ゲンキのことも占ってもらおうみたいな話になって、占い師の人にゲンキの生年月日だけ教えたら「うん、この人、相当ヘンですよ」って即答されました。

ちゃんゆう　生まれた時点で変な人というのが確定してるんや。

人間　変わってるというか、不思議だなと思ったのが、ゲンキって、今ダンスを習ってるじゃないですか。昨日も、深夜1時くらいに急に僕の部屋に入ってきて、「ダンスっていうのはさ、セックス以上にセックスなんだよ」みたいなことを語り出して。それで一人でエアでダンスを始めて、2時間くらい見せられるっていう……(笑)。

ちゃんゆう　**シンプルに寂しがり屋**なんやと思う。それを素直に言えないから、勝手に部屋に来て一人でずっと喋ってたりするっていうのはよくある。あと、ご飯食べに行こうって言えばいいのに、「なんかお腹空いてそうだし、ご飯行きたいなら一緒に行ってあげるよ」みたいな感じで誘ってくるとか。

ジュンペー　そういう**人間臭いところも結構ある**。それにちょっと天然入ってるし、自分でも自覚あるんだけど、天然って言われたくないというところとか。

ちゃんゆう　天然やし、**意外と世間知らず**なこともめっちゃ多くない？

ジュンペー　みんなが通るようなアニメとか、有名な服のブランドとかをマジで知らない。この前はコーラゼロの存在も知らなかった。

ちゃんゆう　ポケモンも知らなかった。あと、食べ物とか料理名も全然知らない。

「カッコよさ」に対して人一倍思いが強い

ジュンペー　**自分の興味があることには深くハマる**んだけど、それ以外のことは見えてないし、覚えてもない、みたいなのはある。そのぶん好きなことに対する集中力とか達成力はすごくて、それこそTOEICを900点取った時とか、期間決めて、いつまでに取るって決めて、ちゃんと実行してる。

人間　確かに、格闘技やってる時とかも、すごい集中力でしたね。減量の時は特にピリピリしてたし。それこそ食事とかはあんまり摂らなくて、1日1食だった時期とかもあって。でも、それを見事に成功させた。

ジュンペー　あと、カッコいいの基準がちょっと独特なところもあるよね。**自分の美学がある**。ゲンキは甘いものが好きで、それを動画でも出したんだけど、ちょっとイヤだったみたい。ゲンキ的に甘いもの好きって、あんまりカッコよくないことで。

人間　フランス人に憧れて、トマトを1個丸かじりで食べてたこともありましたね。本人はカッコいいと思ってやってたらしいけど。

ジュンペー　切った方が食べやすいやろっていう。

ちゃんゆう　なんかツボがあるんやろな（笑）。

ジュンペー　ゲンキがバスルームに椅子を置きたいって言ってきたことがあって、僕はイヤだったから「置かない方がカッコいいよ」「海外とかは置かないから」って言ったら納得してくれた。あと、服とか、値段を見ないで買うのがカッコいいと思ってる（笑）。

ちゃんゆう　それ分かるー。あと、女の子に奢《おご》るというのも、カッコいいからだと思う。後輩にも奢るし、そのあたりの**人間関係のマナーは、スポーツやってたからしっかりしてる**。女の子から恨まれたりとか、そういう話も全然聞かないし。

人間　すごく仲間思いの人だとは思います。そこは確かにカッコいい。

ちゃんゆう　昔、ゲンキさんと、プライベートでナンパしに行ったことあるんですよ。いきなりナンパしに行こうぜって誘ってきて、男女でナンパしに行くってなかなか珍しいなと思いつつ、街に行って、それぞれで声かけて。うち、その時にナンパした人とちょっとお付き合いしましたから。

ジュンペー　ナンパしに行こうぜって女の子を誘うの、意味分からんし（笑）。でもそれがゲンキっぽいし、**そういうサプライズがある人**だよね。まあ、でも、やっぱりゲンキがYouTube始めた時が一番衝撃的だったかな。ゲンキが大学生の時に、卒業して、就職してからYouTubeやろうかなみたいなこと言ってたから、やるなら今やった方がいいよって言ったら、すぐ大学を辞めてきた。やるって決めたらやる男なんだって思ったし、その切り替えの速さと踏ん切りの良さがすごい。

人間　そういう意味ではすごいYouTubeに向いてる人ですよね。毎日がドキュメントというか、企画とか関係なく勝手に始めたことがコンテンツになるし、その成長過程が記録されていく訳ですから。

ジュンペー　確かに生き様がYouTuberなんだよね。見えないところで泥臭い努力はしてるし、それに振り回される人も周りにいて、何か事件が起こる。それでゲンキジャパンは成り立ってるところもあるよね。

第4章

メッセージ編

ナンパとデートの架け橋・LINEを活用する

ナンパで声をかけ、楽しく会話をした後は、連絡先の交換という流れになります。日本ではLINEやInstagramで連絡し合うのが一般的ですね。現在20歳前後の人の場合は、LINEよりインスタ交換が主流のようです。僕は少し上の世代ということもあり、この章ではLINEを例にゲンキ流のメッセンジャーの活かし方をお伝えします。もしかしたら、数年後にはLINEが使われなくなって、別のアプリが主流になるかもしれませんね。あくまで「今で言うLINE」でのやり取りの紹介になります。

ナンパをして素敵な女性からとうとう連絡先が聞けた。あの人とまた会いたい。もっと話したい。のんびりデートしたい。でも、ナンパした数分しか話してない相手にどんなメッセージを送ればいいのか、という質問はよくあります。

僕もナンパを始めた頃はメッセージの内容に凝ったりしていましたが、試行錯誤の結果、最近はかなりシンプルな文面になりました。

ナンパに限らず、何かの機会で女の子と知り合いデートしたくなったら、メッセージのやり取りは不可欠です。自分のスタイルにこだわるのもいいですが、人の送り方を見て、参考にするのも悪くはない。

ではこのへんで、ナンパとデートを繋ぐ重要な架け橋、LINEの活用方法について掘り下げていきましょう。

会った日の夜に送るか、翌日に送るか

ナンパで知り合ってLINEを交換した後、まず問題なのが〝いつメッセージを送るか〟です。LINEは熱いうちに打てとばかりに、別れたらすぐに送る。逆に少し寝かせて相手に意識をさせるなど、様々な方法があります。

タイミングに関しては〝相手がメッセージを読んで、送り返す余裕がある時〟が最適です。なので、**ナンパの時点で相手のスケジュールを聞いておく**と、後々スムーズですね。

仕事はだいたい何時に終わって、いつ頃なら家にいるのか。休みは週末なのか、平日なのか。ナンパの時の会話で、相手が「いつも19時くらいに帰宅している」と言っていたら、「じゃあ、20時くらいだったら連絡できますね」と軽くジャブを打っておく。その時間帯を狙ってメッセージを送れば、相手からの返信率も高まります。

ナンパの時点で、スケジュールを聞けなかった場合、**僕なら会った日の夜か、遅くとも翌日の夜までにはメッセージを入れます**。

どちらのタイミングにするかは、ナンパした手応えで決まってきます。ナンパした時にデートまでいけそうだと感じたら、その日の夜にメッセージを入れる場合が多いですね。

逆に女性が少し引き気味だったら、当日に連絡するとがっついていると思われるので、１日寝かせるというのもアリです。

「ナンパしてきた時はグイグイ来てたけど、すぐには連絡してこないんだ」と、こちらが意外と余裕があるように印象づけたいところです。

忙しい男の方がモテるという法則はあるので、２~３日空けてから「ごめん。バタバタして連絡できなかったけど、この前はありがとう」と送ることもあります。

その相手には自分がどういうキャラクターとして映っているのかを考え、タイミングを使い分けていく感じですね。

「ストレートに・簡潔に」を意識する

メッセージの文章に凝ってみたり、カッコつける必要はありません。僕はデートしたいなら「デートしようよ。いつ空いてる?」と、**割とストレートに内容を伝えます**。余計なことを書かずに、次に会う日程を決めるだけです。絵文字も殆ど使いません。

よく、会って喋っていた時と、LINEの文面のキャラが全然違う人がいます。カジュアルな雰囲気だったのに、LINEだと急に「先日はお疲れ様でした」と、ビジネスメールのような表現になる。反対に、話している時は真面目そうだったのに、LINEだと急に馴《な》れ馴れしくなるケースもよくあります。

基本的には、ナンパした時と同じキャラクター、もしくはやや丁寧くらいがちょうどいいです。

ただ尊敬語や謙譲語を使ってまで丁寧すぎると、相手と距離ができすぎて男女の関係が遠のいてしまう。また、タメ口の文章だと内容によっては不誠実に見えてしまう。テキストというのは相手の顔が見えないため誤解されやすいです。

そのため、**丁寧語で話すのが一番無難**です。ナンパの時点でタメ口を使っていたのなら、ほどよいタメ口を入れるのは問題ないです。

ポイントとしては、**テキストで無理に距離を縮めようとしないこと**です。距離を縮める会話は直接会った時、もしくは電話の時にするべき。連絡先交換してから初デートまでの期間のメッセージは、冒頭で説明したように、デートの日時や場所を共有するためだけのものと考えていいです。

もちろん一度デートして親密になったら、文体も崩して普段通りのキャラでやり取りしても構いません。

シンプルな文章ではこの3つを押さえよう

〝シンプルな文章〟は、押さえておくべき点もシンプルです。ナンパ後に送る最初のLINEだったら、「さっきはありがとう」と、まずお礼を言う。そして「めちゃくちゃ綺麗だったたので、思わず声をかけました」と褒め言葉を続けます。女性から何かしらレスがあれば、「もっと話したいんで、今度デートしましょう」と誘います。

必要なのは、**〝お礼〟〝褒め〟〝誘い〟**の3つだけです。

次はデートの日程の決め方ですね。まず言えるのが、相手のスケジュールを聞くよりも、**自分から「この日はどうですか」と提示した方が決まる確率が高い**です。

「僕はいつでも大丈夫なので、時間がある日を教えてください」では、進みそうで、なかなか決まらない。この人は暇なのかなと思われてしまうだけです。

ここまでに女性の勤務時間や休日などの生活サイクルをだいたい聞いておくのが前提ですが、この曜日、時間帯なら空いているだろうと決め打ちします。

ただ、相手から「どれも空いてないです」と返ってくることもあります。そうすると、もう一度こちらから日程を提案して、調整する流れになりがちですが、僕はこのやり取りがすごく嫌いなんです。

なので、自分が日時の希望を出して、相手に「空いてない」と言われた場合は、それ以上は一旦誘いません。「じゃあ、また連絡するね」とだけ返します。

その後、向こうから「この日なら大丈夫です」と、OKな曜日を教えてくれたら、デートできる可能性がグンと高くなります。「分かりました」とだけ返ってきた場合は、日にちを空けて（目安は2週間以上）また誘います。僕の「また連絡するね」に対して、返信が来ない場合は脈がないと思っていいかもしれません。

デートまでにＬＩＮＥをしすぎてはいけない

僕はＬＩＮＥでデートの日取りが決まったら、当日まであまりメッセージを送りません。日程変更とか、そういう場合は別ですが、日常会話とかで絡んだりしない。なぜなら、密なコミュニケーションを行うのは、直接会った時にとっておきたいからです。会う前に、ＬＩＮＥで込み入った話題を交わすのは、あまり意味がない。

連絡を取らないと忘れられてしまいそうだから、デートの日までメッセージを入れ続ける人がいます。これは**余裕のない行動に映るし、はっきり言って逆効果**です。実際に会う時までのドキドキ感を高めてもらうためにも、基本的にＬＩＮＥでガッガツ絡む必要はないと考えましょう。

この時点では、ＬＩＮＥのラリーが盛り上がることが目的ではなく、あくまで次に会う予定を決めるのがゴールです。

シンプルにゴールだけを目指したいですね。

ＬＩＮＥでは「即レス」が重要ではない

ＬＩＮＥで慎重になるべきは、返信をするタイミングです。パッと送って、割と早くレスが来たなら、相手も今時間があるということなので、すぐに送り返す。１日寝かされて返ってきた時は、こちらも１日経ってからにする。ＬＩＮＥにおける〝ミラー効果〟とでも言いましょうか。基本的に、**相手と同じくらいの間隔を空け**

て、リズムを同期させて返信するのがベターだと思います。

相手のリズムに合わせるのが基本ルールですが、それと同じくらい、自分のリズムに合わせることも重要です。

これは前述の説明と矛盾しているように見えるかもしれませんが、僕が言いたいのは、「LINEの存在を気にしすぎてはいけない」ということ。気になりすぎてプライベートの時間を犠牲にするのではなく、LINEの存在を忘れるくらい、仕事や趣味に熱中できる方が男としての価値も高まります。

そして、「早く返さなきゃ」「時間置かなきゃ」ではなく、「落ち着いたら返そう」「今返したいから返す」くらいの余裕とマインドを持ち、自分が返しやすいタイミングで連絡できると、自分にかかるストレスもぐっと減るはずです。

その上で、相手のリズムも考慮できるようになると、もう鬼に金棒です。

時間を置く時は相手のメッセージで終わらせる

基本的にLINEは、相手からのメッセージで終わらせるのが一つのポイントです。

僕は、自分のメッセージでラリーが途絶え、その後こちらからまた連絡を入れる、つまり**日時を空けて自分の発言が2つ続くのは良くない**と思っています。

僕が「また連絡するね」と送って、相手が「分かりました」とか、スタンプを返してきたら、もうそれ以上のリプライはせずに一時停止します。

キャッチボールで言えば、こちらにボールがある状態。これなら、しばらく連絡が途絶えても、いつでもこちらからボールを投げて再開できます。

LINEでは、こちらがペースを握るという意味で、常に相手側からのメッセージで終了することを心がけてください。

返信がなくても「追いLINE」はしない

テンポ良くLINEしていたのに、デートの日程が決まらなくて、返信が来なくなった。特に理由がないのに、そこで止まってしまったら、もう会う意思がないんだなと受け取るだけです。それに対して何度もメッセージを送る〝追いLINE〟をしたところで、**自分の価値が下がるだけ**。

そこで怒ったり、わざわざ「会えないんだったら、もういいです」といったメッセージを送っても何の意味もありません。そのまま放置する方がいい。

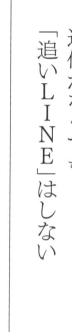

例えば、僕がナンパした時に、その女性には彼氏とか、仲良くしている男性が実はいた。だから、いざデートするとなったら罪悪感が生まれて、返信をやめてしまった。でも、男性とは別れることになって、**1〜2カ月後くらいに「覚えてますか?」と連絡が不意に来るというパターンも、ゼロではない**です。

出会いなんて、どう転がるか分からない。相手との関係性や可能性を消さないためにも、追いLINEはやめましょう。

LINEの返信がなかったら潔く諦めよう

繰り返しになりますが、返信がなかったら、LINEのやり取りやメッセージ内容だけが問題だったのではなく、それまでの積み上げが上手くいかなかったと総合的に受け止めたいですね。

自分の魅力が足りなかった。もしくは、相手のタイミングが悪かった。どちらも正解かもしれませんが、逆に言えばどちらのせいでもありません。

ただ僕は、**自分自身に原因があったと捉える方が、学びになるし、今後のモチベーションにもなる**と思います。ダメだったからといって、相手のことをバカにしたり、怒っても全く意味ないですから。LINEの返信がなかったら、潔く次の出会いを求めて街に出ましょう。

文面を間違っても送信取消はしない方がいい

LINEには〝送信取消〟という機能があります。これを使うと、送ったメッセージがキャンセルされて、「メッセージの送信を取り消しました」と表示されます。

文字を打ち間違えたり、言葉足らずな文章になってしまったので書き直したい、ということはよくありますが、僕は**この送信取消という行為自体が男らしくない**と考えています。

仕事関係で送信したメッセージなら、取り消してもいいんですが、女の子に対しては、ただ印象が悪くなるだけ。

実際に誤字や、内容をミスって送信取消をしたとしても、向こうからしたら「何のメッセージだったんだろう？」と気になってしまい、何かハッキリしない男というイメージを持たれかねません。

だったら、送信取消をせず、すぐに次のＬＩＮＥで「ごめん、字を間違えた」と送った方が男らしい。間違いを隠さずに、「ミスった」とすぐに認めて改める方が、スッキリしませんか？

これは、**余裕の見せ方でもあり、自分の価値の保ち方**でもあります。女性が不審に思いかねない言動は、極力しないように心がけています。

LINEから電話する流れはこの2パターン

ナンパで連絡先を交換した女性に対して、電話は殆どしないです。デートをして、親密になった人とはする場合はありますが、それもあまり多くはない。

自分から電話するとしたら、パターンは2つあります。

一つは、ナンパした時に話し足りなくて、**まだ相手が僕に対して警戒していると感じたケース**です。LINEで「会う前に1回ゆっくり話したいから電話しよう」と断って、OKなら軽く話してみるのは効果的かもしれません。

もう一つは、**あらかじめ寝る時間を聞いておき、その30分前にサプライズ的に電話をかけてみる**、というパターンです。ちょっとしたイタズラ心というのも演出できますが、トリッキーな方法なので、反応は相手次第なところはあります。

当然ですが、電話はＬＩＮＥよりもタイミングがシビアです。理想は、相手がお風呂に入ってから寝るまでくらいの時間帯。生活サイクルを把握していて、そこをピンポイントで狙えるなら電話も有効です。

ただし、電話を鳴らしても繋がらなければ、その後はこちらから何度もかけ直したり、メッセージを送ったりしません。向こうからの返電やＬＩＮＥを待つというのは、これまでの基本スタンスと同じです。

デート後のメッセージで単純接触効果を高める

デートで女性に目いっぱい楽しんでもらった後、相手からＬＩＮＥしてきてくれる。デートの手応えを感じる瞬間ですね。気持ちを込めて、お礼のメッセージを返しておきましょう。

その後、2人の距離が縮まったら、いよいよメッセージを送る頻度を上げていきます。普通に「また会いたい」「今度はいつにする?」は必ずしますが、「おはよう」「おやすみ」など、挨拶のひと言だけでも大丈夫です。単純接触効果を高めるというか、**今後もっと仲良くなっていくために、コミュニケーションの機会を増やしていくフェーズに入った**訳です。

僕の場合は、チャラい見た目なので、きちんと毎日メッセージを送ることで「意外とマメなんだな」というギャップの魅力にも繋がります。

直接会わずして**お互いの好意を深めるのが、初デート以降のLINEの目的**です。そこを目指してメッセージのやり取りをすれば、軸は決してブレません。継続的なメッセージとデートで距離を縮めていきましょう。

第4章のまとめ

メッセージ編

- LINEでは「今度、デートしようよ」などとストレートに伝えることが大事
- シンプルな文章で意識するべきは、「お礼」「褒め」「デートの誘い」の3つ
- デートが決まっても、それまでにLINEを送りすぎないこと。余裕のない男に見られてしまう
- メッセージが来ても即レスしなくていい。相手と同じ間隔で返信するのがベター
- 連絡がなくても「追いLINE」は絶対にしてはいけない。何度も送っても自分の価値が下がるだけ。潔く諦めること
- 送信取消は「取り消した」という情報が相手に伝わり、その行為自体が男としてカッコ悪い
- 一度デートした後は、メッセージの回数を増やして「単純接触効果」を高め、会わずしてお互いの好意を深めていくこと

第5章

デート編

デートはナンパの延長線上にある

自信が持てるファッションで臨もう

街でいきなり声をかける〝ナンパ〟と、事前に日時や場所を決めて会う〝デート〟は、全く違うものと考えがちですが、僕の中でこの2つは、ほぼ同じ行為です。ナンパはデートの短縮版。デートは、ナンパでしている内容のロングバージョンでしかない。それほど各々《おのおの》の構成は変わらないんです。なので逆説的に言えば、デートが上手い人は、ナンパもできる。ただ、ナンパより相手を楽しませて、親密になれるのがデート。違いはその点だけと言ってもいいぐらいです。

ナンパは未経験だけど、デートならしたことがある人も多いと思います。ナンパ後のデートはもちろん、まずはデート力を上げてからナンパに初挑戦する場合に備えて、僕のデート術を参考にしてみてください。

ナンパの時点で一度会ってはいますが、時が経つほど人の記憶は薄れていくもの。「このデートが初めまして」ぐらいの謙虚な気持ちでいた方がいいかもしれないですね。

「人は見た目が10割」ではないですが、外見が大事なのは言うまでもありません。ここは、**自分が最も自信を持てるファッションでデートに臨みたい**ところ。相手にどう映るかを考えて、清潔感のある最高のルックスで待ち合わせ場所に向かいましょう。

初デートは行き慣れた場所が無難

最初のデートは自分が行き慣れた店で、というのが定石です。**何事も、自分のフィールドで勝負した方が有利**になります。

見知らぬ街や店に行って、自分があたふたしていたら、余裕がない男と思われ女性にがっかりされてしまう。馴染みのお店なら、待ち合わせ場所から迷わないでたどり着けるし、メニュー選びも落ち着いて、女性を上手くリードできます。

デートで使うお店は雰囲気だけでなく、隣の席との距離感や、騒音の度合いが重要になってきます。慣れた店はそれらを事前に把握できているので、自信を持って振る舞えるはずです。

僕は初デートで使う、とっておきのお店があります。ただ、お店の人から「毎回違う女の子を連れてるな」と思われるのも嫌なので、同じ店を何度も使いすぎないようにしています。デートを頻繁にできるようになったら、候補の店を2〜3つ用意してもいいですね。

お店の選び方はシンプルです。「今日、何食べたい?」とか「和食と洋食、どっちがいい?」と聞かれると、「何でもいいよ」と答えてしまいがちです。でも**僕はハッキリ「今日はイタリアンにしよう」「和食がいい」と自分で即決します**。相手の嫌いな食べ物などは聞きますが、あとはパッと僕がお店を指定します。初デートの場所や店選びは、1割は相手の意見を取り入れて、9割は自分で決めるくらいの感じでOKです。

なお、2回目以降のデートでは、話し合って決めたり、相手に決めさせたりして、〝相手の好みを知る〟ことで距離を縮めていきます。

19時半〜20時にデートを始める理由

デートを始める時間は、これまでの経験で19時半から20時の間がベストという結論に行き着きました。学生はもちろん、一般的な社会人でもだいたい仕事が終わっている時間帯です。

少し遅めのスタートなので、デートそのものが短くなってしまう可能性がありますが、それも狙いの一つです。**自分との楽しい時間をぎゅっと凝縮して提供するイ**

メージですね。

待ち合わせが19時半以降で、お店に着くのが20時。食事をしながらの歓談を約2時間と考えて、22時くらいにお店を出る、というのが理想です。

まだ会って間もなく、お互いの情報量が少ない状態ですが、2時間あれば、かなり深いところまで語り合うことができます。

22時頃に店を出て、そこでもう終電という女性は殆どいません。それでも帰るのか、それとも2軒目に行くのかという選択肢が生まれてきます。

では、昼デートはどうでしょうか。

女の子との関係性を深めるという意味で、昼にデートするのもアリです。ランチタイムに1時間くらい会って話すだけでも親密になれる。お互いに夜デートとは違う顔が見られるかもしれないし、名残惜しい感じで別れれば、次はゆっくり会うという流れもできます。

勘違いされがちですが、**僕が求めているのは、素敵な女性との長期的な関係**。なのでデートに昼も夜もなく、2人で楽しい時を過ごせれば言うことないです。

待ち合わせは現地ではなく駅集合がいい

僕はお店での待ち合わせはしないです。**最寄りの駅前など、分かりやすい場所でまず会う**ようにしています。

ナンパで知り合い、メッセージのやり取りもしている。でも、いざデートするとなれば、こちらも向こうも少し緊張しています。そこでいきなりお店で待ち合わせとなると、デート慣れしている感は出せるかもしれないですが、緊張をほぐす間もなくすぐ本番になってしまいます。これは避けたい。

また駅前での待ち合わせだと、もしも電車遅延で片方が遅刻した際、定刻に来た方は、近くのカフェなどで時間を潰しやすい利点があります。

不測の事態にもリカバリーできるよう、直接お店ではなく、ワンクッション入れて、駅前での待ち合わせが望ましいです。

会った瞬間が勝負。必ずひと言褒める

待ち合わせ場所で、無事、女性と再会できた。でも、お互いに緊張している。緊張したまま言葉少なくお店に行く流れになると、後からそれを取り返すのに時間がかかってしまいます。**いかに早く相手との距離を縮めるかが勝負**です。

ここでやるべきは、ナンパの時と同じです。沈黙が長くならないよう会話を繋ぎながら、**女性を観察して褒めトークを入れる**。

「あれ？　前に会った時より可愛くなった？」とか「なんか気合い入れてきた？めっちゃ綺麗だから緊張してきた」など、どんなパターンでもいいので、褒めながら関係を温めていくテクニックをここでも使いましょう。

女性も気合いを入れてデート仕様のオシャレをしている可能性が高いので、服装やその着こなし、髪型やアクセサリーなどを、タイミングを見てさらりと褒めるのもいいですね。

ちゃんと女性として見ていますよ、これから初デートですよという、高揚した感覚を2人の間で共有していく。

お店までゆっくりと2人で歩くことで、身体も縮こまらず、リラックスしてくる。適切な褒め言葉を交えた柔らかいトークで、ナンパ以来の対面でこわばった気持ちもほぐれてくる。お店に着く頃には、お互いが「これからのデートが楽しみで仕方ない」と思えるまで心の距離を近づけられたら最高ですね。

食事の前に親密な空気感を醸成する意味で、待ち合わせ場所からお店までの時間は有意義かつ重要です。

「会話をリードする」の意味はこれだ

お店に着いて席に座り、注文して、乾杯。あとは女性との会話を楽しむだけです。

肝心のトークの内容は、あまり難しいことは考えずに日常的な話題で大丈夫。相手が学生なら、学校やサークルの話、働いている女性なら、生活の中で仕事が占める割合が高いはずなので、そこを掘り下げていきます。もちろん、女性の得意分野や、趣味を掘っていくのもアリです。

デートでの会話は自分がリードしたいところですが、これは自らテーマを持ち出して、MCのように場を回していく訳ではありません。

女の子の話す事柄に合わせて、こちらから質問を投げかけ、それに答えてもらう

だけで十分です。

質問は、自分が気になることを素直に聞くだけです。仕事の話をしていたら、「何でその仕事してるの？」「職場恋愛とかあるの？」、趣味の話なら「いつからハマってるの？」など、シンプルな質問をタイミング良く投げかけていけば、会話は途切れず、結果的に話をリードできます。

恋愛話をして相手の経験を引き出す

デート時の鉄板トークは〝恋バナ〟です。恋愛は片想いも含めると誰もが経験しているし、自分たちも今初デートをしていて、これから恋愛に発展するかもしれない。

この場で、相手がどういう恋愛観を持っているのか、過去の恋愛でどんな経験をしたのか聞いてみたいですね。もちろん、自分の恋愛観も伝えておきたいポイントです。

人の気持ちというのはそれぞれで、恋愛に対する考え方がピタリと合うケースはむしろ珍しい。ただ、**全く違う恋愛感覚を持っている女性でも、その話を聞くことで自分の学びになる場合は大いにあります**。

恋バナの中でも、**一番最近の恋愛事情**、どういった彼氏と付き合い、どんな恋愛をしていたかについては、特に聞きたいですね。女性にしてもフランクに話せるようなエピソードが一つくらいはあるだろうし、この場面で一番タイムリーな話題でもある。

前の彼氏の話を掘る時にまず聞きたいのは、付き合うまでの流れです。どこで出会って、どういうステップを踏んで付き合うようになり、そして別れたのか。この出会いから別れまでのプロセスは、今後自分たちが親密な仲になっていく上で参考になるはずです。

あと大事なのは、元カレと別れた後の恋愛事情ですね。別れたのが1年前や、半年前だったとして、**フリーな状態での恋愛に対する熱量**についても、女性から話を聞く中で推し量りたいポイントです。

日本人女性はあまり表に出さないですが、やはり常にいい出会いを求めていると思います。これまでどういう出会いがあって、その後どう発展したのか。なぜその人と、その先までいかなかったのか、という話は一つの体験談としても興味深い。

ただ、恋バナ全般を通じて言えることですが、あまりがっついて質問攻めにせず、あくまで爽やかに、自分が上手く質問して女性が答えるという、先に述べたスマートな〝リードの仕方〟を忘れずに。

「性」の話題でも普段通りを意識する

あくまで先に恋愛話をしているという前提で、慎重に雰囲気を読んだ上であれば、性的な話題に踏み込んでもいいと思います。

僕は普段、次のような順番で話しています。

「どのくらい彼氏いないの？」

「その間デートは？　好きになった人は？」

「何で付き合うまでにいかなかった？」

「身体の関係とかはあったん？」

話の流れを意識すれば、自然と、セックスの価値観の話題に持っていくことができます。

その際、女性がどんな答えをしても、**変にリアクションを大きくしないこと**。「それが普通だよね」という体《てい》で僕はいつも聞いています。より生々しい話に発展するかもしれないですが、そこで下品な方向に行きすぎず、落ち着いて場に見合った範囲に収めたいですね。

遊び心・真面目さ・好意を散りばめよう

徐々に食事が進み、お酒も入ると、込み入った話になり、どちらも語りモードになってしまいがちです。そこで忘れていけないのは、雰囲気づくりとトーンの緩急。じっとりと恋愛話だけをするのもあまり良くない。

笑わせるような軽い話や、仕事の話、夢や将来やってみたいことなど真面目な話も織り交ぜる。そして何より**これから発展するかもしれない2人の関係も意識させたいので、相手に対する好意も伝えてみましょう**。

最初はさらっとナチュラルに「素敵ですね」と、好意を伝える。あまりストレートに何度も言うと嘘に聞こえるので、その後は独り言っぽく「ホント可愛いよね」「やっぱり、髪綺麗だな」など、自然と口からこぼれるように褒め言葉、好意を伝える言葉を散りばめる。

また、「ホント、今日デートできて嬉しいわ」「あの時、声かけてよかった」と、今自分が幸せだと噛《か》みしめるように伝えるワードも効果的だと思います。

聞き上手だからモテる訳ではない

よく〝聞き上手〟な男性は女性にモテると言われます。でもこれって、会話の流れの一瞬だけにフォーカスしている話ではないでしょうか。ただ相手の話を聞いて、それが絶対モテるかと言われたら、そういうものでもない。

会話というのは、双方向で成り立っています。僕の持論は「**話し上手だからこそ、聞き上手になれる**」なんです。

傾聴の姿勢も大切ですが、自分の話をちゃんとできるかどうか、自らの考えや意見をしっかり伝えられるか、こちらの方が僕には重要です。

ハードな仕事内容を聞いて「大変だね」、人間関係の悩みを聞いて「分かる、分かる」、過去の恋愛話を聞いて「いろいろ大変だったんだね」。こうやって応対していれば、相手からは聞き上手と思われるかもしれません。でも、これだと悩み相談の聞き役みたいなもので、ただの一方通行のお喋りになってしまう。

デートという限られた時間の中での会話なんだから、相手の話を聞くだけでなく、自分のことも知ってもらいたい。そんな時に僕はよく**受け答えの中に、自分の情報や意見を〝ちょいまぜ〟する**んです。

働いている女性が、仕事の愚痴や、大変さを語ってくれたとします。そこで僕は

「そうなんだ。俺はサラリーマンの経験がないから、そういう話って興味あるわ」と返す。すると「へー、会社で働いたことないんだ？」と、向こうが食いついてくれる。

自分の意見に、相手が興味を持ちそうな情報を織り交ぜるんです。そうすると、今度は僕が話すターンになり、会話にキャッチボール感が生まれてくる。

このテクニックには逆パターンもあって、あまり盛り上がらなそうな話だったら、相手の話に含まれている情報の一部分を抽出して、話題を変える。女性が、「ホントに上司がムカつくんやけど……」と愚痴ってきたら、「あれ、語尾にちょっとクセがあるけど、出身はどこなんだっけ？」とか。

相手の話に頷くだけの〝聞き上手〟には、ならないようにしたいです。

全ての質問に真面目に答えなくていい

初デートの会話は、お互いに未知の部分が多いので質問合戦になってしまいがちです。基本的に女性に聞かれたことには正直に答えた方がいいと思います。

コミュニケーションにおいて、**自分が隠すと、相手も言いにくくなる**という法則があります。

例えば、向こうが年齢を聞いてきて、僕が隠したりしたら、彼女も年齢を誤魔化して言いたくなってしまう。

仕事の内容も、自分はこんな考えでこんな業務をしていると、しっかり伝えた方が、相手も詳しく話してくれるはずです。

ただ、何でも素直に話せばいい訳でもなく、ある程度ミステリアスな部分は残しておきたい。

特に恋愛や性癖については、部分的にボヤかしておく場合もあります。

僕はかなり特殊で、顔を出してYouTuberをしているので、少し調べれば恋愛遍歴や、ナンパしまくっている事実がバレてしまう。

そこで「セフレとかいるの？　何人いるの？」なんて聞かれても、リアルに話せばいいかと言うとそうでもない。

バカ正直に「5人います」と言ってもリアルな数字でプラスイメージにならないし、反対に「いない」と言っても自分のキャラ的に信憑《しんぴょう》性がない。

そこで僕がやるのは、真剣な表情で「いや全然いないよ、本当に。思ってるほど遊んでないよ。マジで20人もいない」と言ってみて、「何人かはいるじゃん！」というツッコミ待ちをすること。

また、敢えてスルーする時もあります。「それはもっと仲良くなってからじゃないと言えないよ」とか。

忘れていけないのは、**今一緒にいる相手を必ず楽しませるマインド**です。真面目である以上にこのマインドが大事。余計なことまで喋る必要はないですが、どう答えれば相手を楽しませながら、もっと自分に興味を持ってくれるかを常に考えています。

お店を出た後、ホテルへの誘い方

お互い会話を楽しんで、距離が縮まったところで「そろそろ出るか」と言います。20時スタートだと、だいたい22時頃。相手に「あれ？　もう帰るんだ」って思わせるタイミングがベストです。

22時だと、もう1軒行くこともできるし、帰ることもできる時間帯。なぜこの時間にしているかというと、相手が（タクシーなどを使わずに）帰ることができる状況で、僕とまだ一緒にいたいのかどうかを確認するためです。

店を出たら、僕は帰る方向に向かいます。その途中で、「もう帰る？」と聞きます。即答で「帰る」だったらその時点で解散です。ただ、店内で話が盛り上がっていれば、基本的に即答はないです。

「んー」と悩んでいたり、「まだ飲みたい気分だけど……」「まだ帰るのは早いよ」みたいな感じだったら堂々と誘う。

「なら、どっか行こうか。この時間からどっか行くなら朝までだね」

「えー!?　朝まで何するの？」

「一緒に寝る」

「えーそれは……」

「俺も仕事あるから朝まで飲むとかは無理やし」

「んー……」

「俺とまだ一緒にいたい？（俺は一緒にいたいよ）」

「楽しいしまだ話したいけど」

「なら行くか」

そう言って肩を寄せる。

僕が普段するデートの流れはこんな感じです。

誘うフレーズも「朝まで一緒にいよう」「朝まで過ごそう」「一緒に寝よう」など、そんな大したことは言ってないですね。

言葉よりも、やっぱり余裕、態度、自信、スマートさが大事です。

セックスは相手を知るための一つの手段

断言すると、僕のナンパの目的はセックスではありません。では僕にとってセックスとは何かと問われると、「**親密なコミュニケーション**」だと答えます。

行為を通じて、相手の女性をさらに知ることができる。彼女にも、より僕を知ってもらえる、という感覚ですね。

お互いに話して気が合って、いいなと感じたら、もっと知りたくなって、それを確認する手段と言ってもいいです。

セックスを経ることで、**2人の距離は一気に縮まるし、見えないところも見えてくる**。じかに触れ合ってみて、分かることっていっぱいあると思う。

もちろん、その根底には純粋な好奇心みたいなのもあります。

反対に、相手の嫌だなって部分も分かってしまう。

だから、事前確認のためじゃないですけど、正式に付き合う前に身体の関係になるのは賛成派です。

実際に、1回だけのセックスを目的にデートはほぼしないですね。結果的に1回だけになってしまった人もいるけど、それを希望していた訳ではない。

彼女にまた会いたいし、会いたいと思ってもらいたい。その積み重ねをしているだけです。

セックスを目的にせず、出会いを楽しむ

そうは言っても、セックスが目的でナンパをしている人は非常に多いと思います。僕のところにも、いろんな女の子とセックスしたいんでナンパを教えてくださいという人がたくさん来ます。

僕も嫌いじゃないですし、男女共に性欲は大いにあっていいと考えます。隠すくらいなら、自然に欲を出すくらいの方がいい。

ただ、ナンパにおいて**セックスを目的にすると、その言動はどうしても下品になってしまう**。会話も行動も自分本位で即物的になり、それが女の子に伝わって拒否されるケースが多いのではないでしょうか。

セックスにとらわれすぎると、ナンパも結果的に上手くいかないし、その場しのぎのコミュニケーションを繰り返してしまう。ナンパ自体がセックスのための手段となり、面白味が消えてしまう。それだと楽しくないし、学びもない。せっかくの出会いなのに、お互いの深いところを知るまでに至らない。

相手のことをもっと知りたい。そして、自分にも興味を持ってもらいたい。良い影響を与えて、僕も与えられたい。

そういった互恵的な関係性を深めていけば、2人とも高いところまで成長できるはずです。それはセックス以上に気持ちいいコミュニケーションだと僕は信じています。

第5章のまとめ

デート編

- 何事も自分のフィールドで勝負した方が有利。初デートには行き慣れた場所を選ぶ
- スタート時間は19時半から20時がいい。2時間会話を楽しみ、22時に店を出る。その後どうするかという選択肢が生まれる
- 待ち合わせは現地集合よりもお店の最寄り駅がいい。会ったらまず褒めることを忘れず、店まで歩く中で緊張をほぐしてあげること
- デート中、会話をリードすることは大切だが、それは自分が一方的に話すのではなく、相手が話すことに相槌《あいづち》を打ちながら質問を投げかけていくこと
- 恋愛話をする際は「一番最近の恋愛事情」を聞くと、これからその人と仲を深めていく上での参考事例になる
- 「聞き上手は女性にモテる」と言われるが、相手の意見を聞きつつも自分の意見を言うことが、正しいコミュニケーションの在り方
- お店を出た後、終電で帰る・帰らないのくだりは避ける。もっといたければ朝まで、帰るなら「ありがとう」と言って別れる
- セックスは親密なコミュニケーション。けれど、ナンパにおいてそれを目的にしてはいけない

第6章

男磨き編

自分の全てがナンパに表れる

ナンパは自分だけが楽しむための行為では決してなく、声かけした女性の時間をもらい、相手にも楽しんでもらう行為です。ならば、そのいただいた時間で確実に相手を楽しませられる、魅力的な男でありたい。

ナンパをするからには、その時々のトップコンディションで常に臨む。さらに普段から男としてのレベルを上げる努力を惜しまないことが、女性に対してのマナーだと思います。

このレベルを上げるための努力こそが〝男磨き〟です。ナンパにおいて、テクニックや駆け引きも大事ですが、最終的に問われるのは自分そのもの。内面も外見も磨き上げて一流の男を目指せば、必ず質の高いナンパを具現化できるはずです。

特にパッと見のルックスで女性に拒絶されてしまうと、せっかく内面を磨き上げたところで、その魅力を披露できずに終わってしまいます。自分のいろんな魅力が詰まった内面を知ってもらうためにも、外見には妥協せずこだわりましょう。

見た目は常に最高の状態でいること

路上で声をかけるには勇気が必要です。**羞恥と怖さで躊躇する気持ちを奮い立たせてくれるのは、自分の中から溢れ出る自信です**。自信を持って女性に声をかけるためにも、身だしなみはベストにしておきたいですね。

自分にとってカッコいいと思える髪型だったり、ファッションにする。不《ぶ》精《しょう》髭《ひげ》を剃《そ》り、爪も切って、靴が汚れていたら手を抜かずに磨く。100%の見た目でいれば、自然と自信が生まれます。

ファッションが全く分からない人は、ユニクロでも構いません。お店に行って、シンプルで綺麗めな服を上から下まで、新しく揃《そろ》えてください。

服装に関しては、女性から見てどう映るかが大切ですが、譲れないこだわりがあれば、追求してもいいかもしれません。また、自分が好きなアイテムがあれば、ナンパで活きるか試しに取り入れてみましょう。

女性の好むファッションは千差万別です。特にナンパは偶然の出会いなので、事前にその女の子の好みに合わせることは不可能です。

したがって、ナンパをする時のファッションは、女の子に合わせるというよりも、**場所に合わせるのがポイント**になります。

繁華街、オフィス街、オシャレなカフェやレストラン。その場所に溶け込みつつ、少しだけ目立つような服装が、ナンパにおけるベストコーデです。

逆にナンパをする側からしても、女性に声かけするタイミングはいつどこで訪れるか分かりません。出かける時はファッションも含めて、いつも最高の状態をキープしていれば、出会いのタイミングを逃すことはないでしょう。

自分の意見を言える男はカッコいい

自分の意見を言わなければ、〝嫌われない男〟になれるかもしれません。女性に対して嫌われないことだけに集中すれば、ご飯を食べに行くくらいの関係は誰でも築けます。でもそれって、モテてはいないですよね。

言いたいことを言わないで、可もなく不可もなく、ただ女性の言うがままに頷いているだけよりも、**自分の考えを堂々と言える男の方がいい**と思う。別に自己主張が原因で嫌われても、それは仕方ないぐらいのスタンスです。

ある女性が、「私は彼氏じゃない人と身体の関係を絶対持たない。付き合う前に関係を持ちたがる男性は信じられない」と言ったとします。その考えに合わせて

「そうだよね」と頷けば、その場は収まり、自分の株は上がるかもしれません。

でも僕なら、「付き合う前に関係を持つことはアリだと思う」とはっきり言います。付き合う前の性交渉を良くない行為だと嫌悪する人がいる。それはもちろん否定しない。でも僕が自分の意見を語るのも間違いではない。

自分の考えを明確に述べつつ、相手の意見もしっかり聞く。これはコミュニケーションの基本です。自分と同じ意見で安心するだけでなく、人との違いを知ることもまた対話の魅力ではないでしょうか。

自分の意見は読者の皆さんも持っているはずです。ただ、安易な同調に流されず、勇気を持って発言できるかどうかです。「相手に好かれたい」「相手を傷つけたくない」という気持ちに打ち勝って発言するためには、物事の良し悪しを見極め、確固とした考えを持つ必要があります。

自分をしっかりと客観的に理解して、その上で自信を持って話すことが〝嫌われない男〟になる以上に大切だと考えます。

容姿に自信がなくても努力で挽回できる

よく女性が好きな男性のタイプとして、〝**清潔感のある人**〟が挙がりますね。この清潔感は、毎日お風呂に入る、食後は必ず歯磨きするという意味はもちろん、より総合的な美意識の高さを含むものだと理解しています。

髪がボサボサだったり、眉毛が整ってないと、ナンパする相手に不潔なイメージを与えてしまうので、容姿全体にまで美意識を行き届かせたいところです。

まず髪型は美容室に行って、全てお任せすれば大丈夫です。セットの仕方が分からなければ、お店の美容師さんに教えてもらえばいい。あとは眉毛サロンに行ったり、爪も綺麗にするなど、細かなケアを徹底する。

こういう努力はすぐに実行できます。ウェイトトレーニングをして筋骨隆々になれ、というのは時間がかかりますが、これくらいなら今すぐ予約してサロンを回れば1日で可能です。

それで**自分に対する自信が一つ積み上がれば、ナンパに臨む気持ちもまた変わってくる**でしょう。

ナンパをしてみたい人の中には、顔、身長、体型など容姿のコンプレックスを持っている方がいるかもしれません。はっきり言うと、ナンパにおいてルックスは重要な要素で、その成功率に大きく関わってきます。ただし、どんな人でもちゃんと意識して磨きをかければ、必ず容姿のレベルは上がっていきます。

「どうせ俺はブサイクだから」と言って努力しない人のルックスは、現状維持か下がるだけ。見た目を少しでも良くしようと、地道に何かやっている人との差はそこでつきます。

自分の容姿を悲観するだけで終わらず、努力して磨きをかけ続けると、必ずナンパにも好影響が出てくるはずです。

内面の強さに必要なのは健康な身体

どんな人でも男磨きをして、内面から自信が溢れてくれれば、女性から好かれるようになります。外見だけカッコよく見せてナンパが成功したとしても、その後の展開、特に女性と長期的な関係になった時に化けの皮が剥がれてしまう。**本当に目指すべきはメンタルを鍛えて、揺るぎない内面の強さを持つこと**です。

この内面の強さを身につけたい人は、ぜひ健康な身体を作ってほしい。と言っても、ボディビルダーのようになる必要はありません。自分の適正体重を知り、体型をキープする程度で十分です。

健康な身体というのは魅力的です。**女性だって人間の本能として、健康的で生命**

力のある男性に惹かれると思います。そして健康でいるためには、毎日のストイックな努力の積み重ねが必須になってくる。丈夫な身体を作り、維持していく過程でメンタルが鍛えられ、内面の強さに結びついてくる訳です。

健康体を維持するには、食生活の充実が最重要です。

僕はプロアスリートではないので、そこまで厳しく管理された食生活を送っている訳ではありません。また、食の専門家でもないので、豊富な栄養学の知識がある訳でもない。ただ、自分の身体を見つめ直すという意味で、毎日の食事は本当に大切だと思っています。

食事の内容に気をつけて健康的な身体になれば、沸々と自信も湧いてくる。またナンパに限定して言えば、自分が太っていて女性に声をかける勇気がないなら、やはりダイエットして痩せた方がいい。

心身共に自分がなりたい理想に近づくために、まずは普段の食事を改善するところから始めてみましょう。

極限の緊張感が自分を成長させてくれる

僕は格闘技を観るのもやるのも好きです。自分が3年前に始めた格闘技がキックボクシングでした。きっかけは、ちょうどコロナ禍で家に閉じこもりがちだったので、なまった身体を動かしたかったからです。いざやってみたら面白く、大会に出るほどハマってしまいました。現在は試合をすることはなくなりましたが、時々キックボクシングのジムに通って汗を流しています。結果的にこの格闘技の経験、特に大会に出場した経験は、ナンパにも非常に良い影響があったと思います。

キックボクシングの試合は、**今まで生きてきた中で最高に震え上がる体験**でした。お互いに鍛えた者同士が、闘争本能剥き出しで本気で相手を倒しに行く状況は、平和な日常ではなかなか経験できるものではありません。

試合中のヒリヒリするような殺気立った感覚を味わうと、女性に声をかけて拒否されても、これまで以上に動じなくなりました。

向き不向きがあるので、これからナンパをする誰もが格闘技をできる訳ではない。それでも極限の緊張や、ギリギリまで追い込まれる感覚を体感する術《すべ》はないのか考えてみると、**バンジージャンプ**がかなり近いかもしれません。

昨年の夏に群馬県と茨城県で2回バンジーを飛ぶ機会がありました。あれも本当に「死ぬかもしれない」という気持ちになるし、一歩前に、何もない空中に一歩踏み出す勇気が試されます。

日常にはない限界ギリギリの緊張感を体験し、これまでの自分の殻を破ってみたい人は、ぜひとも格闘技かバンジージャンプに挑戦してみてください。

人前に立つことを恐れず挑戦し続けよう

僕はもともとビビりな性格だと思います。街で女性に声をかける際、今でも緊張することがあります。

この〝緊張〟や〝恐怖〟こそが、自分のメンタルを成長させてくれるものです。

精神力も筋肉と同じで、負荷をかけて跳ね返すたびに強くなっていく。この負荷を乗り越える過程が、メンタルの筋トレになるんです。

緊張や恐れを克服する経験を繰り返さないと、心は強く大きく成長していかない。

プレッシャーに打ち勝ち、自信をつける方法として、**目立つ行為を積極的にしてみるのも効果がある**はずです。

インフルエンサーになれとまでは言わないですが、一般的な会社員でも上司や同僚の前でプレゼンしたり、会議で率先して発言するなど、重圧がかかる場面がありますよね。最初は上手くいかないかもしれないですが、それを乗り越えていくうちに、自然と度胸がつくし、パフォーマンスが増してくる。

緊張した分だけそれを克服した経験が積み重なれば、ナンパの声かけも気軽にできるようになるし、デートでも落ち着いて話せるようになるはずです。目立つことを恐れない、さらに言えば、**目立つことを楽しむぐらいの気持ちが大切です**。

また、人前に出て〝目立つ〟ことによって、身なりにより気を使い、見た目が良くなるという相乗効果もあります。僕自身もYouTubeのチャンネル登録者が増えるにつれて〝見られる意識〟が高まり、見た目にさらに気を使うようになりました。

スマホを置いて外に出れば景色が変わる

僕が海外に行く目的は、ナンパをするためだけではなく、よりハードな環境に身を置くためです。全く知らない土地で、日本語ではない他の言語圏の人とコミュニケーションすることは、自分を確実に成長させてくれます。

言葉が通じないと、当然ですが意思疎通が難しい。それでも**何とかして伝わった時の嬉しさと、何とかなるんだという達成感**。これはなにものにも代え難い。

また海外で難易度の高いコミュニケーションをこなした経験値が、日本でナンパする際には、大きな余裕を生んでくれます。

こと言葉に限った場合、日本でのナンパは、たとえ街で初対面の女性に声をかけたとしても、日本人と日本語で喋る訳で、僕にとっては言葉の通じない海外より遥かにイージーだなと楽観的になれる。

海外で日本と全く違う価値観、文化に触れることも自分を高めてくれます。固定観念が良い意味で崩れるし、より寛容になれる。トラブル対処能力や危機回避能力も身につくので、男磨きに最適です。

そうは言っても、誰もが簡単に海外旅行できるものでもない。そこで旅行の疑似体験として、スマホを家に置いて1日出歩いてみるのはどうでしょうか。

『スマホを捨てよ、町へ出よう』です。

僕は初めて海外に行った際、敢えてガイドブックや地図を見ないで、目的地に行ったりしていました。まだ語学力がない頃で、英語が読めないし、喋れなかったけど、それも含めて勉強だと思ったんです。案の定、道に迷ったり、トラブルになりましたが、街の人たちに声をかけて頼るしかない。大変だったけど、それで仲良くなれた人もいたし、貴重な経験になりました。

これを日本でやるには、スマホを家に置いて出かけてみると、かなり近い体験ができそうです。地図も見られないし、電車の経路も分からない。LINEで家族や友人を頼ることもできません。もうそれだけで街の見え方がガラッと変わってくる。その街の店、看板、交通標識、交通量、あらゆるものから情報を得ようと五感が研ぎ澄まされていくはずです。お店の位置などの空間的な情報にも注意深くなる。もちろん、その街にいる人々の言動をよく観察するようになるし、道が分からなかったら誰かに聞くしかない。その際は知らない人に声をかける練習にもなりますし、そこで新たな出会いが生まれるかもしれません。

デジタルデトックス的な意味合いもありますが、**スマホを置いて遠出するだけ**

で、未知の経験が待っているのは間違いないです。

仕事でも趣味でも熱中できるものを持つ

夢中になって何かに打ち込む姿は尊いし、そういう男性が好きな女性も多いです。僕だっていつもナンパや、女の子のことばかり考えている訳ではありません。時に全てを忘れて、何かに没頭する時間を意識して持つようにしています。

それが仕事でも勉強でもいいし、スポーツや文系の趣味でもいい。何もかも忘れて自分が大好きなものに専念する。その熱量というのは、有形無形の自信となって、多くを語らなくても周りの人間にしっかりと伝わります。

多くの社会人にとって、仕事は人生の大きなウェイトを占めるため、**仕事での経**

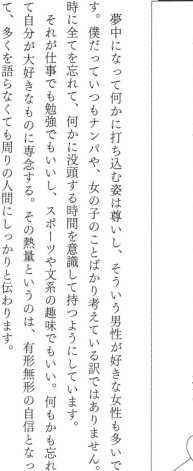

験値や残してきた結果は、自分の魅力の骨格をなすと言っても過言ではありません。しかし、仕事で成功したお金持ちが必ずモテる訳でもないのが、世の中の面白いところです。

僕はこれまでたくさんの富裕層の方々と会ってきました。でも、その中で「この人はモテるな」と感じた人は正直1割ぐらいしかいませんでした。お金を稼ぐ能力と、人としての魅力は必ずしもイコールではない。

逆にその1割の人たちは人としての魅力に溢れ、仕事も抜群にできるから、結果的にお金がついて回るという印象でした。

確固とした哲学を持って男磨きをしている人は、女性からも男性からもモテるので、周りに人が集まり、社会的にも成功する。僕もそんな人たちに少しでも近づくために、仕事でも結果を出していければと思います。

また自分が熱中できる対象と言えば、僕は昨年から〝ペアダンス〟を始めました。まだ全然上手くないですけど、やってみると奥深い世界で、今まで僕が実践してきた言葉ありきのナンパとは正反対、言葉なしでのコミュニケーションが主体なんです。

表情を含む身体の動きで相手に自分の意思を伝え、相手にこう動いてほしいと伝達する。完全に肉体言語のコミュニケーションなので、ある意味セックスに近いかもしれません。

海外ではダンスが生活に根付いていて、男女の間でも必修科目みたいなところがあります。近い将来、日本でのダンス経験を活かし、世界のどこかの国でナンパした素敵な女性と華麗に踊ってみたいです。

皆さんは今、何か熱中できるものがありますか？

男としての魅力を上げ、自分を高く売る

誰もが憧れるような、魅力的な女性と付き合うためには、自分自身の価値を上げるしかないと考えています。日本中が知っている女優さんと付き合いたかったら、

まずは自分がそのステージまで上り詰める必要がある。

恋愛に貴賤《きせん》はないとすれば、有名女優が、普通のサラリーマンと付き合う可能性はあるのかもしれない。でも、現実にほぼないと思うんです。やはり、有名人は有名人と出会う場合が多いし、容姿端麗な女性は、一流の経営者と付き合ったりしている。住む世界が違うような女性と付き合いたければ、まず自分の価値を、その女性の価値と同じか、それ以上に高めなくてはなりません。

このような考えをトロフィーワイフを求めるメンタリティーとして、バカにしたり、眉をひそめる人は多いかもしれない。でも、僕は自分の心の声に忠実でありたいです。

僕が言う〝価値〟を〝魅力〟と言い換えてもいいですね。その**価値＝魅力とは、経済的な成功はもちろん、男としての様々な要素を足し算した総合力で決まる**はずです。その自分の総合力を、常に最も高く売るような意識でいたい。そして貪欲に上を目指す気持ちを忘れないようにしたいと思っています。

「どういう男になりたいか」を明確にする

「自分はどういう男になりたいのか」、ノートでもパソコンやスマホのメモ帳でもいいので具体的に書き出してみる。そのために何をすべきか、何が足りないのかを考えた上で、僕は今、日々を濃密に過ごしています。なりたい自分になるためなら努力できるし、目標を決めているからこそ日々の積み重ねができる。

僕がナンパする目的の一つは、〝運命の人〟と出会いたいからです。その人は日本ではなく、世界のどこかにいるのかもしれません。そのために世界中を旅して、様々な女性と知り合いたい。そして男を磨き続けて、人間としての魅力を引き上げていきたい。ナンパというジャンルで圧倒的なナンバーワンを目指していきますが、そもそも世界を舞台にナンパしているのは僕しかいないので、唯一無二のオンリーワンにもなるつもりです。

ワールドワイドにナンパしている男と言えば、ゲンキ。

ゲンキと言えば、ナンパに代わる新しい概念、〝GENKI〟を作った人だねと、世界中に知ってもらえるくらいの存在になります。

そのために必要なことをやり、少しずつ前進しているつもりです。

ただ、その努力の習慣が形だけにならないように気をつけています。

何事も楽しいからやるぐらいの感覚だと、中途半端に終わってしまう。僕はこういう男になりたい、世界一になりたいと強く思っていたら、向き合い方も変わるだろうし、時間の使い方もより真剣に考えて、努力の内容もグッと濃くなってくる。

目標がブレなければ、少し足踏みしても、挫折することはない。自分の可能性を信じ切って全力を尽くしましょう。

心からリスペクトする人と積極的に会う

男磨きをしていく上で、自分が心からリスペクトできる人と出会えるのは、喜びであり、また励みにもなります。

このリスペクトの対象は2つあって、一つは**自分とは全く違うジャンルだからこそリスペクトできる存在**。例えば、僕はお笑い芸人のことを尊敬していますが、自分が芸人を超えて面白くなろうとは思わない。彼らから何かを吸収しようとはするけど、焦るような気持ちは起きません。

もう一つは、**リスペクトしつつも焦ってしまう対象**です。自分が走っている道で、自分より先に、しかも自分より速く走っている存在。その人の背中を見て強烈に憧れながらも、もっと頑張んなきゃダメだと心底思い知らされる存在。

ただ、そんな素晴らしい人物と実際に出会えるかどうかは、運よりも自分次第です。自分の価値を高めることによって、その人と一対一で会えるステージにたどり着くことができるような気がします。

2つ目のリスペクトの対象で言うと、僕が今までに最も焦ったのが、ミュージシャンで俳優のGACKTさんに会った時でした。生意気ですが、このままだと僕は到底この人を超えられないと悟りました。

自分の夢を実現させるためには、GACKTさんのような存在になる必要がある。でも今の努力量じゃ無理なんです。会って、お話をしてそれを痛感しました。

ただこの焦りは絶望ではありません。GACKTさんのおかげで自分がやるべきことを改めて整理し、これからの時間の使い方を再考しました。

GACKTさんは僕の生き方をブーストしてくれる〝男〟なんです。

身近な人でも、手の届かない存在でもいい。皆さんも、**現状に安住する自分を焦らせてくれる、これからの人生の手本となる人物、そして最終的にはその人を超えることが究極の目標になるような、リスペクトできる人物と出会ってください**。

いや、必ず出会ってくれ。その出会いが君の人生を間違いなく変えるはずだから。

ナンパできるのは女性だけではない

本書では女性とコミュニケーションを取るためのナンパを紹介してきましたが、ナンパの対象はなにも女性だけとは限りません。男性にナンパをすることで、**仕事やビジネスにおいて自分の可能性が大きく広がる**ことがあります。

コロナ禍で外でのナンパ企画の撮影ができなかった時、僕は格闘技をコンテンツにするため、朝倉《あさくら》未来《みくる》さんに会いに行ったことがあります。ジムの前で未来さんが出てくるのを待ち、声をかける。出待ち行為は推奨されるものではないし、この時は緊張していて何を話したか全く覚えてはいないけれど、後日、話す機会を作っていただけたんです。

その時は話しただけで終わってしまいましたが、それから半年後、未来さんに声をかけていただき、ブレイキングダウン第0回大会、第1回大会に出場。それがキッカケとなり、第6回、第7回と計4回出場することができました。**あの時、未来さんをナンパしていなかったらこんな貴重な機会を得ることはできなかった**でしょう。ブレイキングダウンを通して、僕は男としてまた一つ成長できました。

前述のGACKTさんにはこう言われたことがあります。

「ゲンキ、女の子はお前ぐらいになれば勝手についてくるよ。男をナンパしろ。自分より何か優《まさ》っていると感じる人がいたら、自分から声をかけて話してみるんだ。今、28歳だろ？　それが将来、仕事に繋がったり、何かしらで返ってくるよ」

いろいろな経営者の方と話していると、みんな口を揃えて、「○○との出会いがきっかけで」「たまたま○○の時に出会った人が顧問で」などと言います。出会いが仕事に直結するから、やっぱりナンパ力がすごい大事だと改めて思います。

自分で一歩を踏み出して、人に声をかける。そこには緊張があるし、勇気が必要ですが、それさえできれば、自分の可能性は無限に広がるのです。

第6章のまとめ

男磨き編

- 声かけには勇気が必要。自分を奮い立たせるためにも、常に最高の見た目を維持する
- たとえ容姿に自信がなくても、髪型や眉毛を整え、ユニクロでシンプルなファッションを選び、清潔感を演出することはできる
- 格闘技のような極限の緊張感のある状態に立たされた時に人は成長できる
- 緊張や恐怖に打ち勝ちながら人間のメンタルは成長していく。会社員ならプレゼンの場など人前に立つ経験があなたのメンタルを強くしていく
- 海外に行き、知らない土地を歩くと、必然的にコミュニケーションを取らないといけなくなる。そこで得た経験は必ずナンパの力になる。海外に行くのが難しかったら、日本でもスマホを置いて家を出るだけで似た緊張感を味わえる
- 仕事などこれまでしてきた経験が、あなたの骨格をなしている。熱中できる仕事や趣味を持つことが重要
- 素敵な女性と付き合うためには、価値のある男にならないといけない。その価値とは男としての様々な要素を足した総合力で決まる

特別対談

GACKT

Special conversation

ゲンキ

「ナンパは“悪いこと”なのか」

GACKTさんとの対談理由

読者の皆さんの中には、なぜゲンキがGACKTさんを知ってるの？と不思議に思う方がいるかもしれません。2人の対談を読んでもらう前に、その出会いから対談に至る経緯を記します。

全ての始まりは2021年の夏。ゲンキが知人の紹介でGACKTさんのニコニコ生放送の番組に出演したことから始まります。

コロナ禍だったこともあり、2人の最初の出会いはオンラインでした。画面越しに初めて会ったGACKTさんは、ゲンキの想像よりも話しやすくて気さくな人だったようです。そして初対面にもかかわらず、ゲンキのことを知ってくれていました。

ゲンキ「嬉しかったですね。もしかしたら配信前にゲンキジャパンでの僕の活動を調べてくれたのかもしれません」

「昔のボクを見てるみたいだよ」

番組の最中に、GACKTさんにそう言ってもらえたのが、ゲンキには忘れられなかった。限られた時間の中、それほど深くは話せなかったようですが、ゲンキは自分が目指す方向性や人物像は、このGACKTさんが近いのではないかと意識するようになりました。

ニコ生の配信が終わった後、GACKTさんからゲンキに労《ねぎら》いの連絡が。秋からゲンキジャパンでニューヨークに撮影旅行に行くとゲンキが伝えると、GACKTさんは「凄いな、大したもんだ」と驚くと同時に、力強く激励してくれました。

その後、ゲンキジャパンがニューヨークに続いてパリに数カ月滞在したり、GACKTさんが体調を崩して活動休止していたので、2人はお互いに連絡こそ取っていましたが、再会の機会はしばらく訪れませんでした。

次に2人が会ったのが2023年の3月。ゲンキは同年2月に開催された格闘技のイベント「ブレイキングダウン7」に出場したものの、大敗を喫し、1週間ほど燃え尽き症候群のようになっていた。彼は自分の本職はYouTuberだと理解していて、今後やりたいことも分かっているはずなのに、どうしてもやる気が湧かない状況に陥っていました。

落ち込むゲンキは人と会って刺激をもらおうと思い、自分と近しい人、リスペクトする人に声をかけた。その中の一人がGACKTさんでした。ゲンキが直接彼に会ったのはこの時が初めてで、GACKTさんと関係者を含むゲンキの4人で焼き肉を食べました。

ゲンキにとって、やはりオンラインと実際に対面で会うのは全く違い、普通に会話していても、GACKTさんには強烈なオーラが漂っていたようです。GACKTさんが店員の女性と何気なく話す姿を見て、「この人は絶対モテる、強い雄だ」とゲンキは直感的に理解しました。日本一のナンパ師としての自負からか、モテる男の異性への話し方がゲンキには肌感覚で分かったみたいです。

この会食で、GACKTさんとゲンキは時間の許す限り話しました。ナンパの話から始まり、格闘技、外国語習得、ビジネス、筋トレ、私生活について。会食は深夜まで続き、話者は殆どGACKTさんとゲンキの2人だけでした。ゲンキがGACKTさんを質問攻めにして、丁寧に答えてもらっていました。

オンライン配信でのコラボの時、ゲンキは自分が目指す方向性はGACKTさんではないかと、漠然と感じたくらいでした。でもこの直接会った日に、「GACKTさんは完全に俺の上位互換。絶対に彼を超えたい。ただ今のままだと、到底超えられない」と、ゲンキは完全にGACKTさんの凄さを思い知らされました。会食で受けたGACKT

さんの衝撃を、ゲンキは帰宅してからジュンペーに興奮気味に話すほどでした。

その後、ゲンキジャパンの書籍の打ち合わせを進める中で、大人の視点でナンパを語れる人と対談できれば最高だね、とジュンペーからの提案があった時、ゲンキがすぐに対談相手としてGACKTさんを指名したんです。アポを取れるかどうかはゲンキにかかっていたので、もちろん彼自身が連絡しました。

電話では「この人を超えたいって思ったのはGACKTさんが初めて。今、ゲンキジャパンの本を作ってるので、ぜひGACKTさんと対談したいです」とゲンキは気持ちを込めて伝えました。

「ゲンキの力になれるんだったらいいよ」とGACKTさんが快諾してくれた瞬間、ゲンキは感謝すると同時に、肩の荷が半分下りたようです。

その後、2023年の10月に恵比寿のバーで、ゲンキジャパンのメンバー全員が見守る中、GACKTさんとゲンキの対談が始まりました。

初めて会ってから約2年、いつかは絶対に超えないといけない最高の男との最高の対談になりました。

「ゲンキのナンパフレーズは想像できない」

GACKT　ボクはゲンキの動画、チェックしてるんだよ。インスタも観てる。GACKTイズムというものがあるとして、それを継承できる人間は少ないと思うんだけど、ゲンキには、それができるという可能性を感じてる。

ゲンキ　マジですか！　僕、初めてGACKTさんにお会いした時、ちょっと生意気なんですけど、**直感で「この人を超えたいな」と思った**んです。

GACKT　嬉しいこと言ってくれるな（笑）。**ゲンキの動画は、人が想像しない声のかけ方をしているのがいい**。それを企画的にやっているのか、プライベートでもやっているの

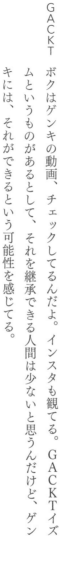

かは分からないけど、観てて笑ってしまう。人間って面白い生き物で、笑ったらもう負けなんだよ。カッコいい口説き方だけを観せてもそこまで視聴者に刺さらないから、今のやり方でゲンキの魅力が出ている気がする。

ゲンキ　誰もやらないような声かけをしたいと思っているので、それが伝わっているのは嬉しいですね。それに、**相手を笑わせたい、楽しませたいというのもずっと心がけてやってきてる**ことなので。

GACKT　動画の中でアイススケートのリンクにいる女の子の手をいきなり摑《つか》んで一緒に滑る企画があったと思うんだけど、あれはボクもスノボで実際にやっていた。昔のことだけど、女の子が滑ってるところに近づいていって、タイミング良く手を取って当たり前のように滑ってた。

ゲンキ　あれをやってたんですね！　でもGACKTさんは、普通にスノボが滑れるじゃないですか。僕は全然できない状態でやってたので、カッコつかなかったですけど。

GACKT　「カッコよさ」というのは、外見や雰囲気の良さ、あとは積み重ねた経験とかから醸し出されるものだと思うんだけど、自分自身でカッコをつけすぎてしまうと勘違いした人になる。でも、ゲンキは面白い口説き方をしてるし、どうすれば相手が驚いたり、笑ってくれるのかを常に考えてるから、カッコよく映ってるよ。

「ナンパは特別なことではない」

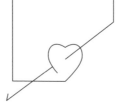

ゲンキ　ありがとうございます！　僕はずっとナンパのことを考え続けて、動画も含めて実践してるんですけど、GACKTさんはナンパという行為についてはどう思ってますか？

GACKT　世の中の多くの人は「ナンパ」というものを特別視してたり、変な行為だと思っている。**普通の出会いとナンパという行為に差はない**。いいなと思った人に声をかける行為は、なんら特別なことではない。でも他に言葉がないから、周りはそれを「ナンパ」と呼ぶだけ。

ゲンキ　その通りですよね。難しいことでもないし、特別なことでもない。だから、みんな普通にナンパすればいいと思っています。でも、断られたら嫌だなとか、そういうマインドが強くて、なかなか声をかけられないという人も多いんです。

GACKT　**断られるなんて普通**だよ。友達を誘っても、仕事が忙しかったり、何か用事があった時は断られる。それと全く同じ。自分が誘ったら100%約束が決まるのかといったら、そんなことはないし、むしろ上手く成立しないことの方が多い。それなのに断られた時のダメージを考えて躊躇するというのは不思議だ。

ゲンキ　特に日本人は街中で声をかけることについて、悪い印象を持っていますよね。ナンパする人も昔と比べてどんどん減っている印象です。

GACKT　ボクらの時代はSNSなんてなかったから、**人と出会うには声をかけるしかなかった**。自分から声をかけなかったら、何も始まらない。だから、女の子に対しても普通に声をかけていたし、仮にダメだったとしても、それはいちイベントの結果であって、全てNGという訳でもない。次の日とか翌週なら大丈夫ということもある。

「ボクにとっては　ハグもキスも普通のこと」

ゲンキ　GACKTさんは、昔は結構ナンパをしてたんですか？

GACKT　日本に関しては、バンド（MALICE MIZER）でデビューする前までは、ボクもそんなに有名ではなかった。お互い知らないっていう状況からスタートして、声をかけて、遊びに行くっていうのはまだ成立した。でもその後は、ボクが声をかけたらGACKTだって分かるようになって、純粋な出会いにはならなくなった。海外だったら、お互いゼロで出会えることがある。今のボクの生活は海外がメインで、気が向いたらアジアやヨーロッパを回ったりするが、例えばホテルにチェックインする時に、現地の女の子を見つけて「初めてこの国に来たんだけど、夜一緒にご飯食べない？」と声をかけることは普通にある。

ゲンキ　そういう初めましての出会いの時は、どんなデートプランを組んでるのか、すごく気になります。

GACKT　プランを組むような大げさなことはしない。**相手と話して決めていくことが、もうデートになる。どんな雰囲気が好きかとか、何も知らない相手に好みを聞いていくだけでコミュニケーションになっていく。それで、いろいろ話して、最終的にその子が知ってる店に行くことが多い。ガイドブックに載ってるレストランだったらいつでも行けるし、その子しか知らないお店に行く方が楽しい**だろ？

ゲンキ　僕も海外に行くと、いろいろ歩き回ったり、誰かに声をかけていいお店を聞いたりするのは好きですね。でも、GACKTさんが声かけた子が好みのタイプだったりして、ちょっと口説くみたいな時は雰囲気を変えたりしないんですか？

GACKT　全然変えない。初めましての女の子と挨拶をする。握手する。これは普通だと思うけど、ボクにとってはハグも普通だし、キスも普通。その流れでセックスがあったとしても、感覚的にそこに壁がない。だから、敢えて口説こうという雰囲気にはならない。

……あんまり参考にならないか？（笑）　ゲンキは初対面の人と握手とかハグはしないのか？

ゲンキ　僕は日本と海外で変えてるところがあります。海外だったら普通にハグとかするんですけど、日本でそれをやってるかって言ったら、やってないですね。

GACKT　もったいないよ。**握手なんて、誰に対しても当たり前にやってれば、距離の詰め方も、近づくスピードも圧倒的に変わる**。ただ、確かに日本人でする人は少ない。仕事の現場でスタッフと握手をしようとすると、相手が慣れてないんだろうなって思うことはよくある。

「大切なのは可愛げがあるかどうか」

ゲンキ　GACKTさんは、意外に自分から積極的に距離を近づけていくんですね。

GACKT　そもそも、ボクみたいな見た目だと、「冷たそう」「壁を作ってそう」とか言われる。だから、**自分から距離を詰めることを意識してる**。紹介されたクライアントとも自分から握手して、自分から話して、連絡先も普通に自分から聞く。その結果、親しくなるし、後々仕事に繋がることもある。

ゲンキ　そういう考え、行動を意識するようになったのは、いつくらいからですか？

GACKT　昔からだけど、東京に出てきてから、なおさら意識するようになった。バンド時代はボクたちのことを誰も知らないし、もちろんコネもない。メジャーなレコード会社の人間にはなかなか繋がらない。だから自分から話をして、コミュニケーションを取って、連絡して、アポイント取ってという関係性を作るしかなかった。今でも業界の先輩方に「今度ご飯連れてってください」とか、自分から声をかけている。

ゲンキ　僕もGACKTさんに、どうしても会って話したいと思って連絡させていただいて、結果、ご飯に連れてってもらって、めちゃくちゃ刺激を受けました。

GACKT　ゲンキのその行動がなかったら、今この瞬間もないよ。ゲンキがボクにアプローチしてくれて、それで会って、話して、いろいろ知って、「コイツ可愛いな、面白い奴だな」と理解を深めて関係性が進む。だから、**「ここ」という場面で積極的に絡んでいくのが大事**なんだよ。

ゲンキ　その通りだと思います。人間関係って、みんな最初はナンパと変わらないというか、声をかけてから始まると僕は思っているので。

GACKT　女の子を口説くのも、男と仕事するのも、先輩に認めてもらうのも、年下の子たちから信頼してもらうのも、全部ナンパなんだよ。ただ、**ボクがそういう時に大事にしてきたのは「可愛げ」があるかどうか。**ボクは自分の顔は怖いと認識しているし、見た目がとっつきにくいとも認識しているから、笑顔のタイミングとか、話す内容とかで、相手に「この人、可愛いな」と思ってもらえるように意識している。カッコいいとか、クールだねという評価はあまりいらない。

ゲンキ　僕はクールと思われつつも、会ってみたらリラックスできる雰囲気を持っていたいですね。僕はもともとフレンドリーな性格だと思うんですけど、数年前に格闘技を始めたというのもあって、とっつきにくいイメージを持たれることも増えていて。だから、「可愛げ」は重要だし、ぜひ身につけたいです。

GACKT　ボクの先輩って、なぜか顔が怖い人が多いんだよ。だけど、みんなモテる。前に、その先輩と付き合ってる女の子に「先輩の第一印象はどうでした?」って聞いたら、

「最初は怖かった。でも話すとすごく可愛くて、笑顔がキュート」とか言うんだよ。あの怖い人の笑顔をキュートっていう言葉で表現するんだって驚いたけど、**この時改めて学んだのは、持ってる条件は一緒でも、自己認識と考え方、行動で結果が全然違ってくる**っていうことだよ。

ゲンキ　その先輩は怖い顔を活かして、ギャップでモテてるってことですよね。

GACKT　これはボクが19歳の頃に習った話なんだけど、2人のセールスマンが、アフリカの未開の地に靴を売りに行った。一人はみんな靴を履いてないから売れるはずがないと絶望した。もう一人は、誰も靴を履いてない、だったらこれから靴が売れまくると考えた。与えられる条件は一緒なんだけど、考え方次第でどうするかという生き方が変わる。だから、自分がスイートな優しい顔じゃなかったとして、「俺は怖い顔だからモテない」という人と、「俺は怖い顔だからこそモテる」という人の2通りに分かれる。与えられた条件は一緒だけど、どう活かすかで結果が変わる。

「モテるには出会ってから5分が勝負」

ゲンキ　GACKTさんにとって、「モテる男」とはどんな男だと思いますか？

GACKT　人間は、第一印象をすごく大切にする生き物で、そこで悪いイメージがつくと先に進まない。だけど、その**第一印象が定着するまでに、時間的には5分ぐらい**あるらしい。だから、見た目はどうでも、その5分の間に取ったコミュニケーションによって、印象を変えることができる。この5分間の会話で人を惹《ひ》きつけることができる男はモテるんじゃないか。

ゲンキ　興味深い話ですね。最初の5分で惹きつけるというのは、僕がナンパで意識していることと似ています。

GACKT　もっと言うと、**モテる男というのは、思考がカッコいい人**。男でも女でも思考が残念な人はいて、その人と一緒にいると落ちるし、ネガティブになってしまう。例えば、愚痴ばっかり言ってる人と、笑顔で「今日の髪型いいね」とか、何かにつけて感動してそれを言葉に出してくれる人、どっちと一緒にいたいかと言われたら、後者だろ？

ゲンキ　分かります。マイナス思考の人と一緒にいると、こっちまで引っ張られてしまいますよね。

GACKT　だから、どんなに顔が良くて、スタイルが良くて、雰囲気が良くても、思考が残念な人はダメ。それ以上の関係にはならない。

ゲンキ　敢えてお聞きするんですけど、ＧＡＣＫＴさんが、モテるためにやってることはあったりしますか？

GACKT 「モテるため」という理由でやってることは殆どない。ただ、自分の持たれている印象を変えるために、いろいろ考えて、自分で自分をコントロールすることはある。

ゲンキ ハードな筋トレもやられてますけど、これも自分の印象を変えるためという感覚ですか？

GACKT 昔から武道もやっているんだけど、身体を鍛えるのは、いくつになっても戦える男でいるために、**大切な人を守れるだけの自分でいる**ということを考えてる。筋トレも、その一環ではあるけど。

ゲンキ アメリカに行った時に、僕の身体、筋肉足りないなって思ったんですよ。いろんなアメリカ人の女の子と会って、デートもしたんですけど、年齢よりも若く見られたり、セクシーさが足りないと言われることが多くて。それを満たすためには、もうちょっと筋肉つけて、身体を大きくするしかないかなって。

GACKT　確かに、海外のジムとか行くと、『マーベル』のハルクみたいな筋肉ムキムキの奴がいっぱいいる。で、ボクはこれぐらいのサイズじゃない？　だから最初は無視される。でも、ボクが体操競技に近い自重トレーニングをやってると、面白い奴がいるって人が集まってくるんだよ。「何をやってる人？」とか聞かれて、日本でミュージシャンやってると言うと「日本のミュージシャンはみんなこんなことができるのか！」と真剣に聞かれたりする。そこで会話が盛り上がって、ジムの仲間が増えて、どんどん輪が広がって、うちでトレーニングするっていう流れになったんだけど、そこでボクがいつもやってるメニューをすると、誰もついてこられないんだよ。それからは、彼らはボクのことをリスペクトしてくれるようになった。

ゲンキ　すごいな……。やっぱり僕ももうちょっと鍛えた方がいいですね。

GACKT　別に身体が大きくなきゃとか、強くなきゃダメということではないんじゃないかな。最低限のスタイルさえ保っていれば十分だよ。過度なトレーニングをしなくても、1日1時間くらいやれば、ある程度の体型は維持できる。時間がないかもしれないが、1時間なんて、1時間早く起きるか、1時間遅く寝れば作れる。それを毎日やることが大事。

「外国語を学ぶきっかけは○○」

ゲンキ　僕は英語を使ってナンパするというのをやってるんですけど、語学力も毎日の積み重ねが重要だと思うんですよ。ＧＡＣＫＴさんは、多言語を習得してますけど、何がきっかけで、どうやって学んでいったんですか？

GACKT　外国語を学ぼうと思ったのは、……やっぱり女の子がきっかけのことが多いかもしれない。

ゲンキ　そこは一緒ですね（笑）。僕も相手と英語でちゃんと会話して、気持ちを伝えて、口説きたいというのが原点ですから。

GACKT　英語に関しては、26歳でソロになった頃、ボクのセキュリティが米軍基地の連中だったというのが大きい。いつも2人付いていてくれていたんだけど、彼らに日本語を覚えてもらうより、自分が英語を喋れた方が早い。それで勉強しようって思った。中国語は、台湾でイベントがあって夜に現地のクラブに行った時、めちゃめちゃ可愛い女の子がいたんだけど、何を言ってるか全然分からなくて。その時に、これは機会損失になるから中国語をちゃんと理解できるようになろうと思った。

ゲンキ　喋れるようになるために、どんな勉強法をしてましたか?

GACKT　当時はまだYouTubeとかなかったから、本を買って勉強していた。それを毎日音読したり、移動中に学習用のCDを何度も聴いて発音を覚えたり。あとボクは書いて覚えるタイプだから、楽屋にいる時とか空いてる時間に何回も何回も書いてたね。

ゲンキ　結構地道な努力をされてたんですね。やっぱり毎日の積み重ねが大事。

GACKT　英語は意外と早く習得できたけど、中国語は苦労したよ。中国人しかいない中華料理店に行って、片っ端からメニューの発音を全部聞いて覚えて、こういう時はどうやって頼めばいいのかを店員さんに聞いたりしてたけど、それでもあんまり伸びなくて。これはいつまで経っても喋れないんじゃないかっていう不安もあった。言語って不思議で、ある日急に理解できるようになるんだよ。そこまで行かずに諦める人も多いだろうけど。

ゲンキ　僕の感覚的にもそうです。言葉を覚えると、女性だけでなく、人との出会いを増やす手段になりますよね。

GACKT　今、中国語を喋る人が世界には20億人くらいいて、その半分が女性だとすると、中国語を習得すれば、10億人くらいが新たなターゲットになる。世界的に言えば英語を喋る人が2番目に多いから、英語ができると一つの大きなマーケットをクリア。あとはスペイン語を喋れたら、もうほぼ全域をカバーできる。

ゲンキ　さすがスケールがデカいです。僕も英語が使えればナンパのターゲットが広がるとは考えてましたけど、中国語やスペイン語まで広げようとは思ってなかったです。

GACKT　ただ、言葉だけ覚えても意味がないんだよ。例えば、ボクと一緒にアメリカに行った仲間に、「あの子、口説いてくれ」って言うと、「いや、無理。英語話せないし」って諦める。ボクがその時に「じゃあ日本語を話せる日本人だったら口説けるってことか？」と聞くと、言葉に詰まる。**真剣に口説く気があるかどうかが問題で、言葉が喋れるかどうかはオプション**なんだよ。言語は相手との距離を近づけて、コミュニケーションを取りやすくするだけのものであって、そもそもその気がないと口説けない。

「声かけはコミュニケーションの基本」

ゲンキ　僕はその口説き方や、人との心の距離の詰め方を広めていきたいんですけど、**日本ではナンパという行為が悪いものみたいな風潮がある**んですよ。悪質な声かけの事例がニュースになって問題化したり……。今はマッチングアプリで簡単に出会えてしまうというのもあって、街で声をかけることが衰退してるんですよね。

GACKT　でも、それはゲンキにとってはラッキーだよ。リアルにナンパできる人が独り勝ちできる。例えば、イタリアとか行くと、みんなナンパしてる。彼氏がいようが彼女がいようが、普通に声かけてくる。そういう国で勝負するのは難しい。でも、世間がそれをダメだと言っていて、声かけする人口が減ってる日本だったら、ナンパできる奴が有利になる。結果的に勝率も上がる。

ゲンキ　先ほどのセールスマンの話の応用ですね。僕は海外でのコミュニケーションに影響を受けたので、**街で声をかける出会いは当たり前だし、健全だよねということも発信していきたい**んですよね。今までのナンパと呼ばれるものとは違うものとして、新しく作っていきたいとも思っています。

GACKT　やっぱり**実際に街に出て、声をかけて人に出会うというのはコミュニケーションの基本だから、なくしちゃいけない**。例えば、うちのダンサーとかメンバーに必ず言うのは、オマエたちはステージ上から何千人、何万人の女性を相手にしなきゃいけない。なのに、一人の女の心を摑めなくてどうするのか？　ってことで、街で女の子に声をかけてこいと送り出す。

ゲンキ　それは研修みたいなものなんですか？

GACKT　そう。うちのチームは結構厳しいんだよ。朝からトレーニングをめちゃくちゃするし、昼からリハーサルもやる。で、本番で出し尽くして、夜になってみんなでご飯食べた後、飲みに行く。よく行くバーがあるんだけど、一人だと入店禁止。じゃあそれぞれパートナーを探してこいと言ってみんなで街に出て、女の子に声かけて連れてこなくちゃいけない。

ゲンキ　それに、GACKTさんも参加してるんですか！

GACKT　ずっとやってる。そこで一人も連れてこられないようなら、ステージで観客の心なんて摑めない。でも、それができるようになると、本当に表現が変わる。最近のダンサーはマニアックな子が多くて、テクニックだけをすごく練習して、自分の世界に籠《こも》ってるんだよ。そうやって身につけた自分の技を披露することにいっぱいいっぱいになってるんだけど、ステージはその子の発表会じゃない。観てくれている人に表現を届けることができて初めて感動が生まれる。それを言葉で言ってもなかなか伝わらない。街で声かけをやっているとその意識が磨かれていく。少なくとも自信は手に入る。

ゲンキ　声をかけて出会うことが、表現を磨くことに繋がるんですね。じゃあGACKTさん的にも、ナンパはどんどんした方がいいってことですよね。

GACKT　ネットとかSNSが当たり前な世界になって、人と人とのコミュニケーションが苦手な子が増えているよね。でも、人は人としか仕事できないから、世の中に出たら様々な人と付き合っていくしかない。ずっとスマホに向き合ってる人が、いきなり社会に入って、しかもそこに競争があるという環境で、急に人間関係が上手くできるようになる訳がない。**そういうことを学べるチャンスがあればどんどんやるべき**だ。

ゲンキ　ナンパは、コミュニケーション能力を改善する手段になりますよね。ただ、今はナンパのやり方を知ってる人も少ないから、実際に声をかけられないし、間違った声のかけ方をしてしまうんだと思います。その**メソッドとマインドを確立して、多くの人に知ってもらうのが、僕の目標の一つ**ですね。

GACKT　街中で声をかけちゃダメ、綺麗だと思った人に綺麗だって言うのもダメって、おかしな話。マッチングアプリだけを使って出会うという社会も異常だよ。だからゲンキが、ナンパは悪いことじゃない、一つの出会いとして自然なんだということを啓発していくのは、すごく大事なことなんだよ。

GACKT（ガクト）

バンド活動を経て、1999年にソロ活動を開始。これまでに、CDシングル48枚とアルバム19枚をリリース。男性ソロアーティストシングルTOP10獲得数は歴代1位を保持。音楽以外にも、俳優としてハリウッド映画、日本映画、TVドラマに出演するなど多方面で活躍。

おわりに

ジュンペー

「一緒にYouTubeやろうよ」

ゲンキに誘われた時、なぜだか分からないが「この男にならついていってもいいかもしれない」そう思った。出会ってからさほど日が経ってないにもかかわらず。

「何か面白いことになるかもしれない」

ゲンキの根拠のない自信に見事に飲み込まれたのだ。それから一緒に活動を続けていくにつれ、その行動に、その自信に惹かれ、巻き込まれていく自分がいた。今考えたら、ある意味では自分もゲンキに〝ナンパ〟されたうちの一人なのかもしれません(笑)。ナンパと言うと少し語弊があるが、私が捉えるナンパというものは広義で、「相手を自分の人生に巻き込むコミュニケーション」。

ナンパが世間的に『悪いこと』である理由は、その〝巻き込み方〟があまりにも自己中心的で、相手へのリスペクトがないナンパが多いから。そういった意味で、ゲンキのナンパは全くの別ものだと、ここまで読んできた皆さんなら分かっていただけるはずです。

ゲンキに〝ナンパ〟をされてから数年、ナンパによって自分の人生を切り開いていくのを間近で見てきたし、私の人生も大きく変わりました。様々な企画を考え、撮影・編集し、仲間も増えた。日本だけでなく、海外にまで行ってナンパ動画を作り、今やナンパ本の出版。

これを書いている私自身はナンパを1回もしたことがないのに、誰よりも熱い気持ちでナンパを広めようとしています。そんなナンパ未経験の私が、最後に図々しくも『今日のナンパ』における三原則を宣言させていただきたい。

今日のナンパは、

うまくあってはいけない
きれいであってはならない
ここちよくあってはならない

本書のタイトルのモチーフになった、『今日の芸術』における名フレーズのサンプリングです。

ゲンキのナンパ術を知る人には逆説的に聞こえるかもしれませんが、ナンパは上手くなくて、綺麗でもなくて、心地よくなくても大丈夫なんです。まず不器用でいいから、相手に向かって一歩踏み出すこと。その一歩目は決して心地よくも綺麗でも上手くもないでしょう。しかしそこにしっかりとしたリスペクトがあれば、いくら不器用でも相手に伝わるはず。それこそが、新しいコミュニケーションの始まりです。

また『今日のナンパ術』が、あなたにとってナンパ本の範疇《はんちゅう》に留まらず、〝何か〟を踏み出す一歩に繋がれば。その最初の歩みは、初ナンパの時と同様に、純粋に真っ直ぐな気持ちで足を出した、初めの一歩であるはず。どうかその足で、自分が思うままの人生を歩んでください。

あと、お知らせです。巻末に袋とじをつけ、そちらにゲンキが厳選したナンパフレーズをまとめました。もし本書をきっかけにナンパを始めてみたい方がいらっしゃれば、どうぞ真似してみてください。

また、実際にゲンキが袋とじのフレーズを使ってナンパし、自身で解説している動画も用意しました。記載している『ＬＩＮＥ@』から登録すれば、動画が視聴できるようになっています。こちらもぜひ、参考にしてください。

さらに、袋とじ内にある二次元コードから飛べば、ＧＡＣＫＴさんとの対談のフルバージョン動画も視聴できますので、併せてお楽しみください。

最後になりますが、本書の出版にご尽力いただいた版元のＫＡＤＯＫＡＷＡをはじめ、文章の構成に力を貸してくださったライターの方、そしてゲンキとの対談を快諾してくれたＧＡＣＫＴさんに、深くお礼を申し上げます。

ダメだ。ナンパしてみたくなってきたかもしれない。

２０２３年12月
ゲンキジャパンハウスのリビングにて、ナンパ動画の編集の合間に

ジュンペー

カバーデザイン	合同会社IMAGINAL
本文デザイン	沢田幸平（happeace）
編集協力	有縁地蔵、大谷弦
ヘアメイク	奥川哲也
撮影協力	Bar Blue
DTP	思机舎
校正	山崎春江

ゲンキジャパン／Genki.jp

ゲンキ、ジュンペー、ちゃんゆう、そして人間の（3+1）人組。―誰かの日常を非日常に―をコンセプトに活動中。YouTubeチャンネルにて街中ドッキリ動画やナンパ動画を配信。2023年12月現在、登録者は45万人を超す。

今日《こんにち》のナンパ術《じゅつ》
モテる男《おとこ》のコミュニケーションとは何《なに》か

2024年2月2日　初版発行

著者／ゲンキジャパン

発行者／山下 直久

発行／株式会社KADOKAWA
〒102-8177　東京都千代田区富士見2-13-3
電話　0570-002-301（ナビダイヤル）

印刷所／大日本印刷株式会社
製本所／大日本印刷株式会社

ISBN 978-4-04-606575-9　C0095